知乎

有 问 题　就 会 有 答 案

BE A BETTER PARENT

重新定义父母

破解当代教育难题，走出八大养育误区

默薇 / 著

台海出版社

图书在版编目（CIP）数据

重新定义父母：破解当代教育难题 走出八大养育误区 / 默薇著 . — 北京：台海出版社 , 2022.3
ISBN 978-7-5168-2722-2

Ⅰ . ①重… Ⅱ . ①默… Ⅲ . ①儿童教育—家庭教育
Ⅳ . ① G782

中国版本图书馆 CIP 数据核字 (2021) 第 198303 号

重新定义父母：破解当代教育难题 走出八大养育误区

著 者：默 薇

出 版 人：蔡 旭 　　　　　　　封面设计：周宴冰
责任编辑：魏 敏

出版发行：台海出版社
地 　址：北京市东城区景山东街 20 号 　邮政编码：100009
电 　话：010-64041652（发行、邮购）
传 　真：010-84045799（总编室）
网 　址：www.taimeng.org.cn/thcbs/default.htm
E - mail：thcbs@126.com

经 　销：全国各地新华书店
印 　刷：三河市兴博印务有限公司
本书如有破损、缺页、装订错误，请与本社联系调换

开 　本：889 毫米 ×1194 毫米 　1/32
字 　数：178 千字 　　　　　　印 　张：8.75
版 　次：2022 年 3 月第 1 版 　　印 　次：2022 年 3 月第 1 次印刷
书 　号：ISBN 978-7-5168-2722-2
定 　价：58.00 元

曾奇峰
精神科副主任医师

中国目前出现了很多厌学甚至休学的孩子，学习的障碍只是心理发育出现问题的外在症状，根本的原因是孩子早年的养育出现了问题。精神分析咨询治疗的原理之一，是通过研究一个人在早年和父母的关系中怎样形成的人格，以及早年和父母关系形成的人格对他成年后有什么影响进行的。从这个角度来讲，精神分析其实是一门育儿学。精神分析自创立以来，主要的应用方向是对有心理障碍的人进行心理咨询。

作为我的学生，默薇在把精神分析的理论应用在父母养育孩子的心理上，做了一些有益的探索。她把心理的养育和身体的养育做了类比，把精神分析理论中人活着的四个驱力比喻成了人心理发育过程中必需的五类心理需求，把负面情绪比喻成了心理的排泄物，把心理咨询中的一些技术变成了心理养育的方法，让父母养育孩子心理的过程变得具象化、易操作。同时，她分析了中国历史和文化对中国人心理影响最大的三个因素，并由此总结出了中国父母教育理念的八个误区。父母们可以把这本书作为一本心理养育手册，也可以作为预防孩子心理出现问题的一本心理免疫接种手册。

陈　宇

中国就业促进会原副会长
国家教育咨询委员会资深专家

　　我们的时代已经迅速从农耕时代、工业时代走到了互联网时代和人工智能时代，旧的工作岗位不断被淘汰，新的工作岗位层出不穷，对人的工作能力和核心竞争力的要求也发生了巨大的变化，勤奋、听话、有效率、能执行似乎已经远远不够了，灵活、创新、审辩思维、独立思考，特别是洞察能力和想象能力才是这个时代的核心竞争力。

　　按照传统的养育理念和养育方法是否还能够适应今天的时代？为什么如此多的父母和孩子产生了巨大的冲突？为什么如此多的孩子厌学、不想学习？为什么如此多的孩子心理出现问题？默薇老师原来是我的老同事、老部下，是一个母亲，也是一名心理咨询师，她在这本书中从父母的岗位职责这个角度，对这些问题进行了深入系统的阐述。相信本书会对广大家长和父母有令人惊喜的启发和帮助。

杨 波

中国心理卫生协会妇专委秘书长兼常务副主任
中国志愿服务基金会心理健康与发展专项基金联合创始人
北京市社会心理工作联合会科普专业委员会秘书长

默薇老师编写的这本书是中国父母亲职教育的指路明灯，希望通过阅读让更多中国家庭，特别是中国父母学会亲职教育，了解和尊重身心发展的科学规律，建立更好的亲子关系。

身体需要科学养育，心理更需要科学养育，本书系统地介绍了孩子各年龄与各阶段的心理发育的规律和特点，从成长需求视角回应父母科学养育的诸多问题，是亲职教育与科学养育案头必备指导书，推荐详细阅读。

武春艳

国际精神分析学会（IPA）精神分析师候选人

中国心理学会注册系统注册心理师

中美精神分析协会上海分会会员

　　我曾经给默薇老师做过一段时间的咨询督导，她一直致力于 0 ～ 18 岁孩子父母的心理咨询工作。很惊喜地看到她把心理学的专业理论和实践应用在孩子的心理养育上，并形成了一套本土化的有关中国父母的心理养育理论体系（53321 心理养育系统）。这一原创理论的核心的观点就是心理的发展和所有生命的成长过程一样，要符合自身的规律和特点，要有充足的养分，顺畅的排泄系统。心理养育有三类客体，父母是主客体，重要他人和兴趣爱好是副客体。这本书就是以"53321"系统为理论基础写作而成，父母们阅读完本书后，会有助于促进在子女长大成人的过程中认识并恰当地履行父母的职责，为孩子心理的成长提供健康的养育环境。

父母是一个职业，
上岗需要培训

当今中国，父母在养育孩子的过程中，付出了巨大努力，承受了很多不为人知的辛苦。

父母了解遗传学的基本原理，熟谙孩子的身体发育规律、常见疾病的预防及处理。

在吃上，既要美味又要营养全面，知道什么阶段补钙、什么阶段打什么预防针。

在穿上，不但要穿暖，更要穿得舒适、漂亮、得体。

父母注重孩子知识的学习和能力的培养，花费大量的时间和金钱，要上最好的幼儿园、最好的小学和中学，甚至是出国留学；孩子出生后，父母就带着孩子上早教班、各类兴趣班、课外辅导班。很多父母，特别是妈妈们，牺牲自己的休息时间，甚至放弃自己的工作，全心全意照顾孩子、教育孩子、培养孩子。

但是，这一代的父母也是最焦虑的。

和孩子学习有关的一系列问题：学习习惯、阅读、作业、学习成绩、学习动力、和老师的关系、同学关系……

和孩子性格有关的一系列问题：胆小、内向、没有毅力，沉迷于游戏、网络、手机……

和孩子的关系问题：任性、不听话、不沟通、离家出走……

面对这些问题，大多数的父母想尽办法，努力想和孩子沟通，想解决问题，但是效果并不明显，甚至越努力情况越严重。

这些问题的原因究竟在哪里？

按照发展心理学和教育学的研究，一个人的发展包括生理、认知和心理三方面的发展。生理发展是指人的身体发展，认知发展是指智力和学业能力的发展，心理发展是指社会性及人格的发展。这三个方面就像人生的三大基石，对人的生活幸福和事业成功起到决定作用，任何一个方面发育不良，都会影响到人的整体发展，而 0 ～ 18 岁是人这三方面发展最关键的阶段。

出现这些问题的原因就是我们注重孩子的身体健康，注重孩子的学习，也就是认知发展，却独独忽略了孩子的心理发展。

一个人的心理发育和身体发育一样，也是有其规律和特点的。而父母们对孩子的心理发育规律和特点并不了解。孩子在各个年龄阶段出现的所谓的问题，比如一个 4 岁的孩子上幼儿园时哭闹不止，无法与其他小朋友一起玩耍，一个中学生突然有一天不能去上学了。问题其实不是幼儿园老师太凶，也不是学校课业太重，真正的问题是孩子在幼儿园里心情不好，中学生在学校情绪不好，这些都是孩子适应相应的环境出了问题，而这些问题其实是孩子的心理发育出现了问题，导致孩子不能适应正常的社会生活。

父母们知道 6 个月需要给孩子添加辅食，却不知道 1 岁之前的孩子没有承受挫折的能力，也没有安抚自己的能力。所以 1 岁之前的孩子哭闹的时候，最好的办法就是立刻抱起来安慰他。

父母们知道五六岁的孩子腿疼是缺钙，发烧是因为扁桃体发炎，却不知道 6～12 岁是释放孩子攻击力的阶段，这个阶段的孩子需要多运动，如果缺乏运动，孩子心中就会充满攻击性，会很难管教。

父母们知道，高血压容易遗传给下一代，却不知道孩子性格的形成，也是由父母决定的。面对孩子性格上的问题，要先从自身找原因，父母改变了，孩子自然就会发生改变。

我们来看表 0-1：

表 0-1 父母对孩子身心发展知识了解情况对比表

分项	身体	心理
体质好坏	1. 遗传 2. 父母在孩子小时候的照顾情况（营养搭配、锻炼、打预防针等）	1. 遗传 2. 父母和孩子的互动方式（0～18岁），0～6岁是人格形成最重要的时期
健康程度	体质普遍很好	成年人和孩子普遍焦虑、不快乐、人格不稳定。心理疾病患病率、自杀率高
养育知识	1. 保健知识普及，保健意识强。父母对身体发育规律、个体差异知识了解。知道如何让自己身体好、让孩子身体好，知道如何恰当对待孩子 2. 不会拔苗助长，不会牺牲孩子的身体健康去换取学习成绩	1. 保健知识不普及，没有保健意识。不知道心理健康、心理创伤这些概念。对心理发育规律、个体差异知识不了解。不知道如何让自己和孩子心理健康，不知道如何恰当对待自己和孩子 2. 拔苗助长，用孩子的心理健康换取学习成绩
疾病预防	预防接种体系健全，从孩子出生起就有免疫接种手册	国家层面的预防体系处在初建阶段

分项	身体	心理
各年龄阶段常见病症	0～6岁：感冒发烧、消化道疾病、外伤 50岁以后：心脑血管疾病、糖尿病、癌症	0～6岁：无明显问题，疾病潜伏期 6～11岁：学习习惯不好、成绩不理想 11～18岁：叛逆、网瘾、不良交友、生活习惯差、逃学、厌学、抑郁 19～30岁：啃老 31～60岁：婚姻问题、人际交往障碍、事业发展不顺利、子女教育出现问题 60岁至死亡：老年抑郁、盲目狂热消费、过度保健
孩子生病后父母的态度	1. 让孩子就医吃药，请假休息，照顾孩子 2. 着急，不太焦虑。知道一般疾病的原理和治疗处理方法，知道病愈的大致时间（除特别重的病）。对孩子有耐心，孩子症状发作时包容孩子、安慰孩子	1. 不知道孩子的心"生病"了。不接受、指责、唠叨、打骂、逼迫孩子，让孩子马上消除症状 2. 焦虑、痛苦。不知道孩子什么时候会好，孩子"病情"发作时，生气、唠叨得更厉害、打骂更厉害。加重孩子的"病情"

分项	身体	心理
诊断及治疗	1. 诊断方式：望闻问切、仪器、验血等 2. 治疗主体—医生：通过药物、仪器、手术治疗 3. 对家长的要求低，配合医生照顾	1. 诊断方式：谈话（主要是倾听）、观察 2. 治疗主体—父母：父母通过和孩子建立良好的关系，通过谈话、互动进行治疗 3. 对家长的要求高。家长自身的心理健康程度，对孩子心理发育规律、个体差异、心理知识的了解

注：以上表格中所列均为正常心理状态的孩子和父母。如有精神疾病或心理问题特别严重的（如自杀倾向、自残、抑郁症等）需要找专业的心理医生诊治。

从表 0-1 中我们看出，中国父母在养育过程中对孩子身体发育和身体疾病的知识了解远远超过了对心理发育和人格发展的了解。下面这张图反映出了中国父母养育孩子的现状：生理、认知这两根柱子非常粗，而心理那根柱子很细，这显然是一种极度的不平衡状态，这种不平衡状态会直接影响一个人成年后的生活质量和事业发展。

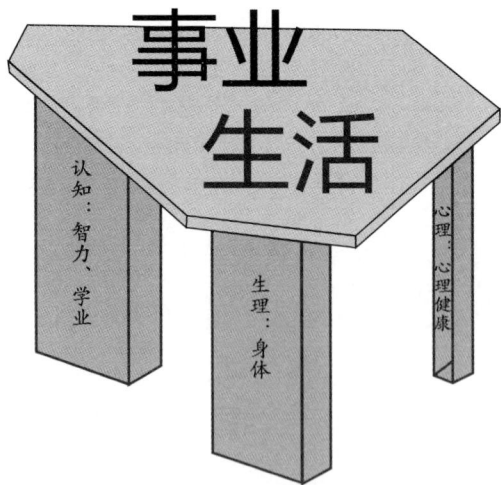

图 0-1 中国父母养育情况现状

可能会有人说，我们这一代人小时候没有人管，父母给不了这么好的物质条件，更不懂心理学，我们还不是长得好好的，靠自己的努力拼搏改变了自己的命运。这一代的孩子，从小享受着如此优渥的条件，受着最好的教育，为什么却变得如此脆弱和任性？

我们的国家从近代开始，在长达 100 多年的时间里，一直在经历战争、贫穷，一直到改革开放，我们的日子才逐渐富裕起来。我们的祖辈、父辈，一直到我们其中的很多人，都处于一个通过学习改变自己的命运的阶段，没有时间、精力每天盯着孩子的学习和成长，要努力、要拼搏、要奋斗，才能满足最基本的物质需要。那个时代国家大的氛围和主旋律就是努力奋斗，知识改变命运。

随着国家的发展，生活的富裕，大家努力的目标已经不仅仅是改变自己的命运，从农村到城市，从贫穷到富裕，变得更关注内在的心理需求，更关注作为一个人本身的发展了。大家从表 0-2 中也可以看出，从 20 世纪 80 年代开始，中国青少年对目标状态和终极追求的价值观的变化。1987 年，排在第一位的青少年终极价值观是"有所作为"；而 2015 年，排在第一位的则是"舒适的生活"。

还用自己小时候，甚至用农耕时代"打是亲、骂是爱"等传统的口口相传的一些"警言格句"和教育理念去教育孩子的时代已经过去了，我们需要用更加科学的、适应互联网和人工智能时代的新的教育理论，才能培养出一个具备当今时代核心竞争力的孩子。

表 0-2 青少年价值观排序比较 [①]

终极性价值观	1987	1998	2004	2015
舒适的生活	16	15	13	1
振奋的生活	17	17	17	8
有所作为	1	9	8	5
和平的世界	8	6	9	7
美丽的世界	9	13	14	9
平等	11	10	10	6
合家安宁	10	1	1	2
自由	6	2	2	3
幸福	14	5	3	4
内心和谐	15	12	12	11
成熟的爱	13	14	15	13
国家安全	4	4	7	16
快乐	12	8	4	10

　　我的老师，我国著名心理学者曾奇峰说："无数经验和研

---

① 表中所列数据为该价值观项目的等级；沈潘艳、辛勇、高靖等：《中国青少年价值观的变迁（1987～2015）》，《青年研究》2017年第4期。

究证明，父母跟孩子，尤其是母亲跟孩子的关系，制造了孩子最核心的人格。这个人格在很大程度上决定了孩子将来能够取得的成就和敢于享受的幸福。所以从这个意义上来说，父母不应该是一个角色，而应该是一门学问或者学科。这门学科是每一个想做父母或者正在做父母的人都应该学习的——你可以不学任何东西，但你需要学习如何才能不制造疾病。"

获得三次诺贝尔和平奖提名的美国心理学家托马斯·戈登博士说："父母不应该受到责备，应该受到培训。"

53321 心理养育系统

　　人的心理和身体一样，0～18岁是最关键的发育和成长期，身体的健康发育有三个要素：一是尊重身体发育的规律，二是有充足的营养，三是有一套健康的排泄系统，把身体产生的废物及时排泄出去。心理的发育也一样，要尊重心理的发育规律，满足心理的需求，要及时排泄愤怒、委屈、悲伤等负面情绪（"心理垃圾"），否则心理就会发育不良，"心理垃圾"会对心理造成创伤或疾病，进而影响到人格的健康发展与形成。

　　一个人身体强壮了，干点力气活会很轻松，一个人心理强大了，学习也不是什么困难的事儿。

　　孩子在成长过程中表现出来的没有学习动力、厌学、学习习惯不好，熬夜、没有自制力，沉迷电子产品，自卑、敏感、脾气暴躁、情绪不稳定，和父母无法沟通，早恋、结交不良朋友，和老师对抗等问题，都是孩子心理发育不良、人格发展不健康的外在表现。这些都是孩子的心理发育需求长期没有得到满足，"心理垃圾"积压过多、没有及时排泄造成的。

想要解决这些问题，就要从孩子的心理养育开始。"53321心理养育系统"是我以发展心理学、精神分析、认知行为疗法、系统家庭治疗、团体治疗等心理学理论为基础，结合中国历史和文化的特点，从众多学习动力不足、厌学、学习习惯不佳等孩子的心理咨询案例中，研发出的一套适合中国父母的心理养育体系。目的是帮助家长学会心理养育，为孩子的人格成长和心理健康打下坚实的基础，成为一个有自我、有自尊、有自信，能专注、能自制、抗挫折、情绪稳定，具备终身学习和成长能力的成熟个体。

为便于家长理解，我尽量把心理学的专有名词用简单易懂的词句表达，并和身体的养育做类比。

这套理论体系从孩子的学习状态、手机游戏、生活习惯、性格养成和社交关系**5个方面**入手，帮助家长学习和掌握心理养育的方法，并通过孩子在这5个方面的偏差行为，了解孩子在各个成长阶段的哪些心理需求没有得到满足，积累了哪些"心理垃圾"，如何重新养育。

本书第一章主要从心理养育的角度对父母、孩子以及父母和孩子的关系的作了一个定义。第二章主要讲了心理养育的**3 类客体**和它们之间的关系，孩子心理发育所需要的**5 类心理需求**，负面情绪（心理垃圾）的相关知识，以及如何通过这 3 类客体帮助孩子建立起一套可以终身使用的、健康的负面情绪排泄系统和心理需求补给系统。同时，从 3 类客体之间的关系分析了孩子沉迷游戏、结交不良朋友等偏差行为的成因。

第三章和第四章介绍了 0 ～ 18 岁孩子的心理发育规律、特点和任务，人的 8 种智力类型和 4 种思维方式，目的是帮助家长了解孩子的内心，发现孩子的优势，明确教育的目标，并帮助孩子发展出适合自身、适应时代的核心竞争力。

第五章主要介绍了心理养育的方法和技巧。一是通过放手、界限、破除限制性信念**3 个方法**，和孩子建立健康的亲子关系；二是通过无条件满足、肯定和认可**2 个技巧**，满足孩子的心理需求，孩子的心理需求得到充分满足，就会建立自信心、自尊心和责任心，自制力和规则意识也就培养出来了，这个时候孩子的学习动力和学习习惯自然就变好了；三是如何运用无条件接纳的（1 个）原则，帮助孩子释放负面情绪，排泄"心理垃圾"。孩子遇到困难和挫折后，能够自主排泄"心理垃圾"，抗挫折能力就会变强，"心理垃圾"少了，心里的噪声就小了，情绪就变得稳定，学习时的专注力和学习效率就会提升，人也会变得有力量、有活力，充满阳光，学习的动力自然就焕发出来了。

第六章主要介绍了中国父母教育理念的 **8 个常见误区**，以及 8 个误区形成的原因。主要目的是帮助父母改变认知，不再用错误的理念伤害孩子。

如果父母从孩子出生就懂得孩子的心理发展规律，为孩子提供一个适合生长的环境，对孩子的成长是最有利的，但孩子已经长大了，并且出现了偏差行为，还有办法挽回吗？第七章就介绍了当父母无意识状态下对孩子造成伤害以后，如何通过退行、无条件满足和无条件接纳等方法重新养育和疗愈孩子的方法。

Be a

Better

parent

第 一 章

父母和孩子，
需要重新定义

你的孩子，不只是你的孩子

家，是孩子的"心理子宫"

父母的人格，比教育方法更重要

01

你的孩子，不只是你的孩子

重新审视父母与子女的关系

想起父母，你心里的感受是什么？

美好的感觉？安全、踏实、放松、温暖、亲昵、甜蜜、思念、心疼……

复杂的感觉？害怕、压力、想见又怕见……

想亲近，又想推远；有失望，也有期望。

害怕父母对自己的期望，担心父母对自己失望，自己对父母也有失望。期望父母能更懂自己一些。

苦涩的感觉？恨、痛、绝望……

想起孩子，你心里的感受是什么？

可爱、心疼、骄傲、自豪；

累、烦、焦虑、担心；羞耻、恨铁不成钢……

1999 年 10 月，在某风景区，正在运行的缆车突然坠毁，在缆车坠落的一刹那，车厢内来自南宁市的一对夫妇，不约而同地使劲将年仅两岁半的儿子高高举起。结果这个孩子只是嘴唇受了点轻伤，而他的双亲却先后死去。这场灾难让这个孩子成了孤儿。

2020 年 9 月，一名 14 岁的男孩和同学在课间玩扑克，被老师请家长后，孩子的妈妈在教室外的走廊上，当着同学的面对自己的儿子叱骂、扇耳光、掐脖子。妈妈怒气冲冲地离开后，孩子默默地站了两分钟，突然往栏杆外一跳，最终不治而亡。

一生一死，皆来源于父母。

那个两岁半的孩子长大后，会不会和父母也产生巨大的冲突？

那个 14 岁的男孩，小时候是不是也曾是妈妈的心头肉？

2018 年 12 月，湖南一名 12 岁的小学生在家里偷偷抽烟，被母亲无意中发现，他和母亲动起了手，直接去厨房里拿起了菜刀，接连对母亲疯狂砍了 20 多刀，母亲当场死亡。在被问及为什么要杀母时，他神情淡然地回复了一句："我就是恨她。"

父母和孩子，究竟是一种什么样的关系？

父母生下孩子就成了父母吗？

经济的发展，生活的富裕，当"养"不再是父母的痛时，"育"成了中国父母最大的课题。

生命的三个特点

不知道大家有没有注意过大自然中的花，牡丹、玫瑰、月季的颜色鲜艳、漂亮，但是香气不浓；而茉莉、桂花、百合的颜色没有那么鲜艳，但是香气袭人。为什么呢？花在靠颜色或者香气吸引蝴蝶过来授粉，这样才能繁殖下一代。大自然中每一个生命，无论是动物还是植物，并没有人管它们，它们都没有自行毁灭，而是按照自己的节奏、自己的能力尽力生长着、绽放着，在大自然中找到自己的位置。这就是生命的第一个特点，尽最大努力好好地活着，积极地活着，这是生命得以发展和延续的本能。

玫瑰没有想过变成桂花，桂花也不可能变成牡丹。这是生命的第二个特点，每个生命自带生命的密码，没有两个完全相同的生命，这就是生命的多样性，也是大自然如此丰富多彩的原因。

蒲公英的种子会带着妈妈给的小伞飞走，找到自己的家，每一个生命成熟后都会离开母亲，成为自己。这就是生命的第三个特点。

每一个孩子，也是大自然中的一个生命，他们和动物、植物一样也有生命的三个特点。

第一，每一个孩子天生都有蓬勃的生命之火，都有自主发展的潜能。父母看到的是孩子一天天长大变强壮的身体，其实胎儿在母体中形成的那一瞬间，他内在还有一种东西，意大利著名教育家蒙特梭利把它称为一个人的"精神胚胎"，我们也可以把它叫作人的"心理自体"。一个人的"精神胚胎"从出生开始就引导孩子的发展，他的好奇心、学习动力、探索欲是天生就有的，成长和发展是人生命中与生俱来的一部分，每个人都会尽力适应环境，让自己的生命绽放，在社会上以最好的姿态生活。一个人天生就有需要被主流社会价值观接受的欲望，他知道要获得这样的资格，需要努力学习、努力工作，帮助别人。

第二，每一个孩子从出生开始，就带着自己的生命密码，有自己的发展节奏和内在规律。他们鲜活而独特，绝对不能被一视同仁或一成不变地对待。孩子的成长和发展其实并不取决于父母，也不会完全依赖于父母，孩子就像一颗种子一样，只要有肥沃的土壤、适量的水和阳光，种子就会发芽，它是玫瑰还是牡丹，是由它自己决定的，即使父母再努力，也不可能让一颗牡丹花的种子开出玫瑰花。孩子不是父母手中的泥娃娃，不可以被塑造。

　　孩子的"心理自体"成长也是一个自然有序的过程。我们都知道，给孩子喂饭时，每个年龄阶段都有不同的数量和食物种类，营养太多，不仅消化不了，还会破坏孩子的消化能力。知识的学习也一样，不是学得越多、越早就越好，孩子不到特定的时间，学习多了既费劲又会影响孩子的发育，还会让孩子对知识反感。很多青少年厌学，不喜欢学习，恰恰是在家长不该灌输太多知识的时候，让孩子学习了太多的知识。

　　哈佛大学的一个教授，准备把儿子培养成天才，每一分钟都让孩子吸收知识，儿子三四岁的时候已经会几国语言，6岁考入中学，10岁上了哈佛大学，16岁攻读哈佛大学博士学位。然而，孩子到了18岁时成为伦敦一家商店的售货员，且什么都不学，拒绝任何"知识性的活动"，就喜欢做一名普通的售货员。这就是"吃吐了"的表现。当然这是比较极端的例子，但是父母们可能都有这样一种倾向，那就是认为孩子多学点东西总是没错的，越早学越好。其实，这样就是在无意识状态下破坏了孩子的"心理自体"发育。等到孩子不爱学习，出现症状时，就开始问孩子为什么就不爱学习啊？

　　第三，孩子最终会离开父母，成为一个独立的个体。从最初在母体里成长，到挣脱父母的怀抱，独自向前走，孩子的成长就是一个逐步离开父母的过程。生存、发展、成熟到最终离开，这是每个人天生就固有的一种内在倾向性。

孩子究竟是什么呢？孩子确实是你的孩子，但他更是大自然中一个普通而又伟大的生命，我们对这个生命要有敬畏和尊重，我们要敬畏的是大自然的规律，尊重的是每一个生命的特点。

父母是什么呢？父母是孩子在未成年时的陪伴者、照料者、支持者，而不是孩子的塑造者。父母的角色是给孩子提供合适的土壤、空气、阳光，而不是成为孩子的精神"上帝"。父母和孩子都是彼此生命中的过客，最终的指向必然是分离。正如诗人纪伯伦的诗中所说：

> 你的孩子，其实不是你的孩子，
>
> 他们是生命对于自身渴望而诞生的孩子。
>
> 他们通过你来到这世界，
>
> 却非因你而来，
>
> 他们在你身边，却并不属于你。
>
> 你可以给予他们的是你的爱，
>
> 却不是你的想法，
>
> 因为他们自己有自己的思想。
>
> 你可以庇护的是他们的身体，
>
> 却不是他们的灵魂，
>
> 因为他们的灵魂属于明天，
>
> 属于你做梦也无法达到的明天。
>
> ……

02

家，是孩子的"心理子宫"

自信、快乐、可依赖的父母

美国著名发展心理学家和精神分析学家埃里克森说，父母的齿轮带动孩子的，也会被孩子所带动，祖父母的齿轮也会被孙子孙女们所带动。当我们的孩子过得好时，这是因为我们的努力，我们也会为他们的成功而有所收获。孩子的心理究竟是如何发育的？影响孩子心理的究竟是父母的哪些行为？

曾经有这样一则报道，有一个农村的家庭，父母都是农民，没有受过高等教育，但是五个孩子，每个孩子都是硕士、博士，而且在各自的领域里都发展得非常好。我曾经接待的来访者中，母亲是北师大的研究生，父亲是清华的研究生，可是孩子已经休学，而且有暴力倾向，经常会用暴力虐待妈妈。此外，还有双博士的孩子休学在家一年的情况。

父母对孩子的影响究竟取决于什么？是取决于父母的文化程度，还是一个家庭的经济富裕程度，或者是家庭对教育的重视程度。带着这个问题，我们首先来看一个伟大的实验。为什么说是伟大的实验呢？因为这个实验是一项跨越了 30 年的精密设计的科学计划（关于这项实验的详细著述见美国的内森·塞恩伯格和亨利·马西所著的《情感依附——为什么家会影响我的一生》）。这项实验研究的目的就是人为什么会有不同的人生道路？什么在人的成长过程中对一个人的影响最为深远？

这项研究从 1964 年持续到 1993 年，实验对象是 76 个婴儿，实验人员从他们出生起就追踪研究，直到他们 30 岁，试验的理论基础是精神分析，做这项实验的人是美国加州大学的三个医学博士、心理学教授，这项实验得到了国家以及加州大学的多方支持。这项研究为什么设定的时间是 0～30 岁呢？ 这是依据埃里克森提出的人格发展八阶段理论。

埃里克森最早提出了"终身发展"和"终身教育"的观点，他认为，人的整个人格的发展过程是由贯穿一生的八个阶段组成（详见表 1-1），每个阶段都有一个特定的发展任务在等待解决，每一个阶段又都在为下一阶段做准备，以便去适应社会组织以"某种传统方式"为他准备好了的社会任务。同时人的发展是持续一生的，每一个阶段中又都存在着一种本质性的危机，如果这种危机解决得好，人就可以顺利地进入下一个阶段，如果这个危机没有解决好，就会产生各种各样影响心理健康的问题，诱发心理疾病。

表 1-1 人格发展阶段理论

阶段	名称	年龄
1	婴儿前期	1 ~ 1.5 岁
2	婴儿后期	1.5 ~ 3 岁
3	儿童早期	3 ~ 6 岁
4	儿童期	6 ~ 12 岁
5	青春期	12 ~ 18 岁
6	成年早期	18 ~ 25 岁
7	成年期	25 ~ 50 岁
8	成熟期	50 ~

实验设置为 0 ~ 30 岁，是横跨了埃里克森所描述的八个阶段中的七个，所以是可以说明问题的，实验是有效的。实验的方法是记录 76 个婴儿出生时的神经成熟度和每年的认知成长，认知成长就是他的智力、语言的发育等。0 ~ 7 岁期间，对孩子和母亲之间的互动，母亲和孩子的玩耍做了录像记录，同时还有对孩子的心理测试、观察、教师访谈以及不定时的家访。7 岁以后，对孩子和父母亲进行定期的访谈，让他们谈这些年的发展情况等。所有的这些资料累积下来之后，这些教授用了五年的时间观看录像，观看这些访谈记录，观看这些心理测试的结果，并且用精神分析的理论对他们进行分析。

试验的结论就是：父母和家庭的影响，对孩子的人生道路，

对孩子的一生的发展是最为重要的。这 76 个孩子里面，80%
的实验对象是符合上面的研究结论的，即早期父母对孩子照顾
得好的，在他们到 30 岁的时候发展得都很好，或者比较好。

而早期照顾有问题的孩子，发展得并不好。发展得好的所
谓的成功者们，不是说官职做得多高，事业做得多好，有多么
富有，他们风度翩翩，令人愉快，到 30 岁时没有经历情绪上的
痛苦，工作成功，关心他人的生活，婚姻也很幸福。后期发展
不太好的这些人，因为父母在孩子早期照顾得不好，他们的童
年是痛苦的。

这些人有两类发展倾向：第一类人是把童年的痛苦外化了，
他们的情绪和不安是向外释放的，这类人的内在是低自尊、安
全感缺乏，和外界的关系不和谐，外在的表现是社交功能差，
问题行为很多，这样的人内心也想做好，但是做不到。第二类
人是把童年的痛苦内化，也就是说他们把痛苦指向内心，指向
自己，他们的内在抑郁、焦虑和恐惧，自我贬低，没有价值感，
有着深深的孤独，外在表现有的是完美主义，有的是嗜睡，有
的是很"宅"。

其余 20% 的人的发展是不符合上面的结论的，这 20% 的
孩子中也分为两类：第一类是早期被照顾得好的孩子，后期的
发展不尽如人意；第二类是早期被照顾看起来不太好的孩子，
后期的发展比预期的要好。这是什么原因呢？第一类是因为这

些孩子曾经目睹过死亡，或者父母在后期的时候离异了，或者孩子本身患了比较严重的疾病等。第二类孩子虽然父母早期照顾得不太好，但是父母乐观自信，家庭稳定，工作努力，肯为子女付出。什么意思呢？这部分父母虽然对孩子照顾得不太好，但是父母自身的状态是很好的，比方说事业比较好，也很乐观、自信，只是对孩子的照顾不够好。从这 20% 的人的发展中，得出的一个结论是：父母自身的状态对孩子来说也是非常重要的。

这项实验得出的结论就是，成年后发展良好的人，父母具备两大特质（见表 1-2）：**第一是可以依赖的**，能把孩子照顾得很好，特别关注孩子，能够及时地回应孩子，体贴孩子，是温柔的，是温暖的，可以共情到孩子，也就是痛着孩子的痛，高兴着孩子的高兴，能够对孩子的感受感同身受，对孩子的积极表现感到骄傲，对孩子的创造性、独立性感到骄傲。但是这些父母又有一些规则，知道什么事情可以做，什么事情不可以做；**第二是自身状态好，自信、快乐。**父母是自信的、快乐的、上进的、积极的，这样的情绪状态很有感染力，是乐观的。

表 1-2 发展良好的儿童的父母具备的特质

自信	可依赖
有感染力	共情
乐观	对孩子的积极性感到骄傲
镇静	对孩子的创造性感到骄傲

自信	可依赖
关注孩子	对孩子的独立性感到骄傲
体贴	谨慎的戒律
温柔、温暖	富有同情心的概率

我们再来看看成年后发展不如人意者的父母的特征。

第一，很难和婴儿建立联结，很难和孩子产生互动。

第二，很难理解孩子的情绪、身体的状态和期待，也就是不可依赖的。孩子期待他去做什么事情的时候，他是感受不到，也看不到的。

第三，倾向于把孩子当成物体，而不是有着情绪意图和能力的人，总是很机械、很僵硬地给孩子发号施令。

第四，对孩子的成长缺乏耐心，期望孩子早熟，不尊重孩子的成长规律。

第五，对孩子的成长缺乏信心，不相信自己的孩子是有旺盛的生命力的，是可以很好地成长的。

第六，和孩子共同玩耍存在困难，不喜欢和孩子在一起玩，很烦躁，倾向于把情感投射在孩子身上。会把自己的不高兴投射在孩子身上，否认自己的情绪，自己明明生气了，非要说自己不生气，否认孩子的情绪。孩子不高兴了，不许孩子哭，甚至指责孩子有什么好难受的等，而孩子高兴的时候漠视甚至嘲笑孩子。

第七，知行不能合一，说的和做的不一致。经常把自己的需要放在孩子的需要前面，经常体罚孩子。当然这些父母是关心和投入地照顾孩子的，但是照顾得不恰当。孩子在学习、做事情的时候会去干扰，他们并不了解，这样恰恰是在破坏孩子的专注力。

潜意识正在操控你的人生

父母为什么会对孩子的人生产生如此巨大的影响呢？在讲这个问题前，我们先来了解一下潜意识这个概念。心理学家荣格曾经有这样一个论断：你的潜意识正在操控你的人生，而你却称之为命运。

人的意识分为意识和潜意识两种，意识和潜意识就像冰山的水上部分和水下部分一样（见图1-1），我们的思想、行为、决策就是人的意识，人的意识只占5%，就像是冰山露出水面的一角，而潜意识就是水下面那95%的部分，我们虽然意识不到，感觉不到，但是就像是冰山会向哪个方向移动是由水下的95%决定的一样，我们的人生道路和命运也是由那95%的潜意识决定的。当意识和潜意识一致的时候，我们就会心想事成，而当意识和潜意识不一致的时候，我们往往就会事与愿违。

意识——

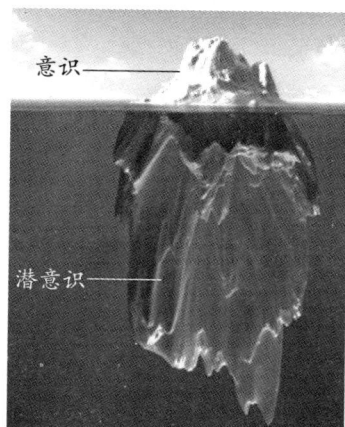

意识和潜意识：
意识就是冰山一角，
潜意识是在海底真正影响我们
的部分。

潜意识——

图1-1 意识与潜意识

潜意识是如何形成的？该如何理解意识和潜意识的关系呢？

我们先来看一个实验。研究动物行为学的科学家们曾做过一个实验，他们把狗放在一个铁笼子里，把肉放在笼子外面，这些狗正常的起跳高度是1米8，当笼高是1米8，甚至2米时，这些狗都可以跳出来吃肉。但是当笼高加到2米8的时候，狗就跳不出来了。在反复尝试后，这些狗会发现，无论如何努力，它们都无法跳出笼子，于是这些狗就失望了，它们不再做任何努力，即使笼外放上它们最爱吃的骨头，狗都不会想跳出笼子。

　　科学家们继续做实验，他们把笼子从 2 米 8 降到了 1 米 8，这个时候狗是有能力跳出来的。但是科学家们发现，狗并没有向外跳，太多次的失败使得它们的头脑中已经形成了一种机制，"我没有能力跳出笼子"，尽管它们的实际能力是可以跳出笼子的，但是头脑中形成的机制让它们不再有跳出去的动力，也就不会产生跳出去的动作，这种"我没有能力跳出笼子"的意识就是潜意识。此时，狗的意识中非常想得到结果 1，也就是吃到骨头，它也有这个能力，但是潜意识告诉它，"你没有能力跳出笼子"，因此，它最终得到了结果 2，也就是没有吃到骨头。这就是意识和潜意识不一致的结果，潜意识战胜了意识，得到了结果 2（见图 1-2）。

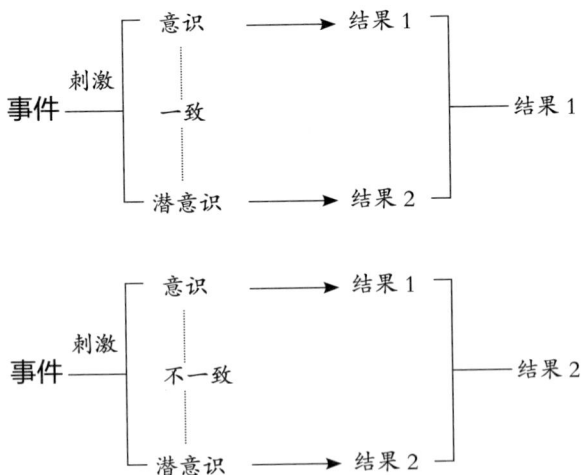

图 1-2　意识和潜意识的关系

假如这个狗没有受到 2 米 8 笼子的限制性训练，它的潜意识就是"我有能力跳出笼子"，当它看到骨头时，头脑或意识中想得到结果 1：吃到骨头，此时潜意识的指令也是"我有能力跳出笼子"，于是它就产生了跳出笼子的行为，也因此得到了结果 1。这就是意识和潜意识一致的结果。

狗看到肉时，一定是有反应的，会流口水，它肯定想吃肉，但是它为什么没有行动？笼子已经降到 1 米 8 了，它完全可以蹦出去，可是它没有蹦。因为多次失败的尝试已经让它形成了一个全自动反应机制，这种反应机制就是，"我没有能力跳出笼子，只要肉在笼子的外面，我就不可能吃到"，这种反应机制越过了先判断一下笼子高低并去尝试一下的步骤，这样的一个在长期的互动模式中形成的全自动反应机制就是潜意识。

我们人生的道路和命运，除了外部条件影响之外，更多的就是由潜意识选择和创造的结果。我们常常认为是外部力量决定着命运，觉得生活中很多事都事与愿违，想做做不到，或做不好，就是因为运气不好，没有毅力，"我没那个命"，其实不是，那是潜意识在操纵你，你是不知不觉地被它牵着鼻子走了。有些人在集体里，明明能力不弱，但是当他有机会去展示自己的时候却不敢，背后的潜意识就是"我不行""我没有这个能力"，他心中其实很想得到这个职位，想去争取自己的利益，但最终的结果却总是失败。这样的结果和实验中受过 2 米 8 限制性训练的狗的模式是一样的，意识中很想得到那块肉，但是潜意识告诉自己"我不行""我没有那个能力"，于是放弃了努力。

人的潜意识是如何形成的呢？就是在孩子出生之后和父母的一次次重复的互动中形成的。

场景（按钮）：孩子做错事了。

案例：花瓶打碎了

第一对父母：没关系，来，咱们把打碎的碎片收起来，别扎着手，下次小心一点就好了……

第二对父母：哎呀，你怎么这么笨，这么不小心啊，这个花瓶特别贵，真是闯祸精。

形成的潜意识（全自动程序）：

第一个家庭的孩子：长大犯错后，没有抱怨、没有自责，很快从错误和失败的阴影中走出来，继续前进。抗挫折能力强。

第二个家庭的孩子：长大犯错后，害怕、懊恼、自责，抱怨、指责别人，一直在错误和失败的阴影中沉浸着，迟迟走不出来。抗挫折能力弱。

类似的场景还有很多。孩子遇到困难来求助时，家长会如何和孩子互动？孩子在学校被老师批评了，家长如何回应？孩子考了好成绩来向父母炫耀如何回应？长期的互动方式，在孩子的头脑中形成了一个又一个全自动反应程序，当相似的场景

出现时，就像是按下了全自动程序启动的按钮，瞬间开始自动
执行，完全不受头脑和意识的控制。

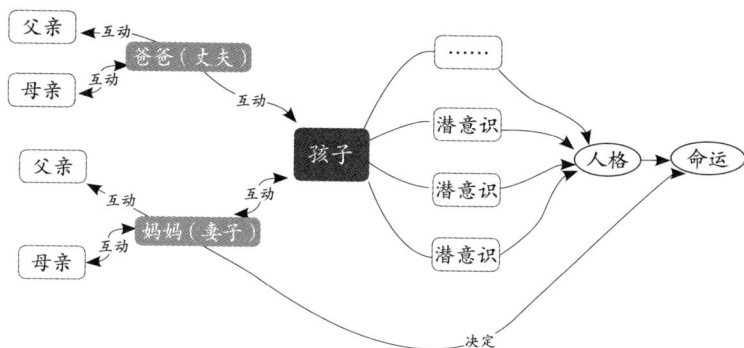

图 1-3 人格养成过程

　　父母和孩子对于类似场景的反复互动模式，就相当于给孩
子的行为反应模式编制了一个个全自动反应程序，写入了孩子
的头脑中，当孩子遇到不同的事件时，就会触发这些编制好的
程序，孩子的行为就会不受头脑控制地按照设置好的步骤执行，
并产生相应的结果。这些全自动程序就是人的潜意识，这些潜
意识的组合反应模式，就是一个人的人格。

　　人格就是一个人对外界的各种感知能力，以及感知后做出
的不同反应。人格就像是人体建立的一套对外的反应机制。当
受到不同的刺激时，就会有不同的反应。人格决定了一个人的
行为、思想、动机和情感模式。一个人的人格决定了他的命运，

而父母是孩子人格的塑造者，所以说父母决定了孩子的命运。

　　和大家讲一个我身边的事。弟弟的发小叫小强，从小在我家玩，和我也很熟悉。小强大学毕业后留在省电视台工作，那年电视台公开竞聘选拔部门主任，小强也参加了竞选，但是没有选上。在工作中没有被提拔是一件很正常的事，但是小强却在回家后跳楼自杀了。

　　和我弟弟聊起来时，弟弟说小强的母亲是一个非常要强的阿姨，从小就对小强的要求特别高，他从母亲那里从来没有得到过鼓励和赞赏。上学时，小强如果考不好，他妈妈会非常严厉地批评甚至打骂小强，甚至说："考这么点儿分，你有什么脸活着？你还不如去死！"即使考得特别好，他妈妈也会说："你不要得意，你有什么好得意的，比你强的人多的是。"

　　从这个例子里我们可以看到，当小强遇到挫折时，他潜意识层面的全自动程序就启动了这样一个模式：我糟糕透了，我实在是太差劲了，连个主任都没有竞聘上，我对得起谁，我还不如去死！遇到挫折后进行自我攻击就是小强的潜意识，当然事件不同，自我攻击的程度也不同，这次的挫折对小强来说是巨大的，大到了他要用毁灭自己来完成对自我的攻击。

　　假如小强的妈妈换一种模式和小强互动，在小强考试不好的时候跟他说："考不好没关系，我们一起看看这次没有考好的原因是什么？是题目出得太偏太难了？还是审题不仔细？还是哪部分内容复习不到位？"帮助孩子分析失利的原因，总结教训，告诉孩子"下一次我们考好就可以了"。

这样的模式下来，小强的潜意识就形成了面对挫折的另一种程序，当他长大后，面对竞聘失利，会客观分析没有竞聘上的原因："可能我的竞争对手实力比我强，也可能是我自己在某一方面准备的不足，没有关系，下次机会我准备充分一点，现在还是好好工作。"这样小强的命运就完全不同了。

投射无处不在

为什么不同的父母会对孩子的相同行为有不同的反应呢？这取决于父母自身的人格状态。父母的人格状态是如何影响孩子的人格形成呢？

我们先来看精神分析里的一个概念——投射。我们通常理解的投射是通过反光把一个物体照射到别的物体上，一个人的身体通过灯光投射到墙上，在墙上就可以看到这个人的影子。心理学上的投射也是这个意思，但它是无形的，并不是一个能够看到的有形的影像，它是指一个人的感觉，是把"我"的感觉想象成别人的感觉。

举两个例子说明一下，大家可能就好理解了。我记得网上有一个笑话，说一个小女孩在幼儿园门口，穿得特别厚，有点不合时宜，旁边有人问她："小朋友，你怎么穿这么厚呀？"这个孩子说："我妈妈让我穿这么厚。"有一种冷叫作"你妈觉得你冷"，这就是投射。小女孩的妈妈可能自己比较怕冷，体质弱，也可能当时感冒了，觉得应该多穿点衣服，于是就把这种感觉投射到了女儿身上，孩子可能会说："我不冷，不穿。"但是妈妈就会说："穿上，这么冷的天，不穿你会感冒的。"她用自己的感受代替了女儿的感受，这就是把自己的感受投射到女儿身上了，长期这样下去，女儿自己的感受就完全被母亲的感受给代替了，这就是投射。

还有一个挺好玩的故事，是说有一个地主自己不爱吃肉，他觉得肉非常难吃。他家里雇了几个长工，这些长工只要犯了错，他惩罚的方式就是让长工去吃肉。当然，这只是个笑话，但这是非常典型的投射的例子。

投射无处不在。在我们的生活中，我们对现实世界的感觉，跟现实世界的真实性并不一致，而是跟我们内心是什么样的感觉有关系。每一个人都是被厚厚的自己投射的世界所包裹，我们投射的世界，围绕着我们周围的投射的世界，很可能并不是世界本来的样子，在这个世界外面才是真正的世界。

我们来看一下投射对母亲和孩子之间的互动方式，或者说对孩子的人格影响在哪里？

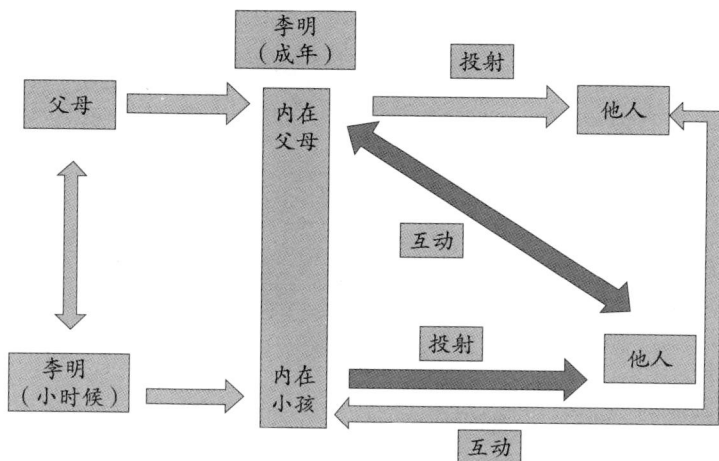

图1-4 父母与子女的互动方式

图1-4左上边是父母，左下边是李明，李明小时候和父母之间的互动方式可能是各种各样的，但无论是什么方式，成年以后，李明会把父母和自己的互动模式固化在心里面，叫内在父母，把自己小时候和父母的互动模式也固化在心里，叫内在小孩。他和外界"他人"的互动，其实就是他的内在父母、内在小孩和"他人"的互动，这个"他人"可能是自己的孩子、父母、妻子、朋友、同事、领导等。李明和"他人"打交道的时候，有时会把内在父母投射到"他人"身上，自己用内在小孩和"他人"互动，有时会把内在小孩投射到"他人"身上，自己用内在父母和"他人"互动。

所以一个人成年以后，和外界打交道的方式，就是他的内在父母和内在小孩打交道的模式。一个人和社会的关系，就是父母和孩子的关系。我们来看一个案例（这本书中的案例都是从我之前咨询和培训中来的。当然这些案例都经过了加工，每个人的成长环境和情况不同，大家不要对号入座，也不要往自己身上套），为了讲起来方便，我把这个人的名字叫李明。

李明出生在 20 世纪 70 年代，小时候父亲长年在外地工作，他是由母亲带大的，家里有一个姐姐和一个妹妹。母亲是一个农村妇女，因为父亲常年不在家，所以母亲种地和操持家务比较辛苦，但是因为父亲在外挣钱，经济上还可以。李明的妈妈脾气非常暴躁，要强、爱面子，总是把家里收拾得干干净净的，孩子们的衣服不管多旧，但是补丁打得整整齐齐，也洗得干干净净，孩子们出去都是很体面的。

李明是属于非常调皮捣蛋的孩子，是个"孩子王"，天天领着一帮孩子打架、偷鸡摸狗、惹是生非。这样的一个孩子，在现在的我们看来，其实是一个生命力很旺盛、非常聪明的孩子，但在李明的妈妈眼里，李明给她带来了太多的麻烦。因为家里有很多农活，母亲自己干不过来，会经常求助邻居或亲戚来帮忙。李明的妈妈手很巧，经常帮邻居做一些活，父亲从外地回来的时候会带一些零食，母亲舍不得给自己孩子吃，都送给了邻居和亲戚。

一年级的时候，李明和邻居家的孩子一起写作业，他很喜欢邻居家孩子的钢笔，可是妈妈不给买，他就偷偷地把人家的笔拿走了。邻居家孩子发现自己的笔不见了，就跟自己的妈妈说明了情况，这个妈妈就领着孩子跑到李明家来，说"你们家李明拿了我们孩子的钢笔"，李明硬着头皮不承认，可是这时候笔却"不争气"地从李明口袋里掉出来了。李明妈妈顿时火冒三丈，觉得李明给她丢人了，就大声责骂儿子。因为院子里吵闹得厉害，惊动了其他一些邻居过来，大家就都过来劝。当着一堆邻居的面，她让李明跪下，还拿了一把菜刀架在了李明的脖子上说："你认不认错？你今天要是不认错，我就不要你这个儿子了！"说着，刀在李明脖子上划出了血印。

李明那时候只是个六七岁的孩子，他又害怕、又羞耻，哭着认了错。但是当时那种内心的屈辱，他一辈子都记得。那种愤怒，对他妈妈的愤怒，对邻居的愤怒，全部都压在心里。

李明犯错后，母亲为什么会这样处理？第一个原因是他的母亲要面子，怕在别人面前把自己"好人"的面子丢掉，他的母亲承受不了别人说自己是"坏人"的压力，于是就把这个"坏人"的形象投射到了李明身上，"我不是坏人，是孩子坏"，当她指责、打骂孩子时，就把自己的压力和焦虑投射到了孩子身上。第二个原因是他的母亲怕因此得罪邻居，以后就不好再求别人帮忙了。

在李明的回忆里，他从小到大，只要有邻居告状，母亲就会当着别人的面把他打骂一顿，而这次是到了一个很极端的程度，用了菜刀。李明说他当时真的是怕母亲把自己杀了的。这样的互动模式，久而久之在李明的心里形成了一个暴躁、可怕、不允许孩子犯错的内在父母，也形成了一个弱小、可耻、可恨又可怜的内在小孩。

　　李明现在已经是一个 40 多岁的中年男人，和普通的同事关系都挺好，他在工作中的困扰是，当工作顺利时，和领导的关系没有问题，一旦工作中出现问题，他见了领导会绕着走，害怕认错，如果领导和他谈工作中出现的问题，他的反应会非常过激："我就是做错了，怎么着，大不了把我开除了。"他的第一份工作就是这么丢掉的。工作中出现了问题，领导还没有说什么的时候，他自己就提出辞职了。这是一种什么模式呢？李明把内在父母的形象投射到了领导身上（见图 1-5），因为领导是比自己强大的人，这个时候他的内在小孩开始和领导互动，他感觉害怕、恐惧，无法面对这种痛苦的感觉，只能逃跑，于是就产生了辞职的行为。其实领导并不是母亲，领导并没有想要去惩罚他，只是想了解一下情况，但是他内在的模式让他把母亲的模式投射到了领导身上，认为领导和母亲是一样可怕的。

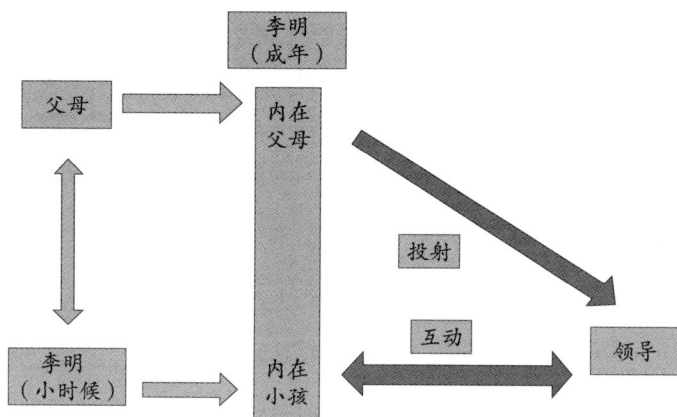

图 1-5 内在小孩和领导的投射模式图

　　李明在家里是什么情况？他平时和孩子在一起是很开心的，但是当孩子做错事情的时候，他会把自己的内在小孩投射到孩子身上（见图 1-6），这个时候，他的内在父母开始和孩子进行互动，他变成了他的母亲，会非常愤怒，会指责、打骂孩子。

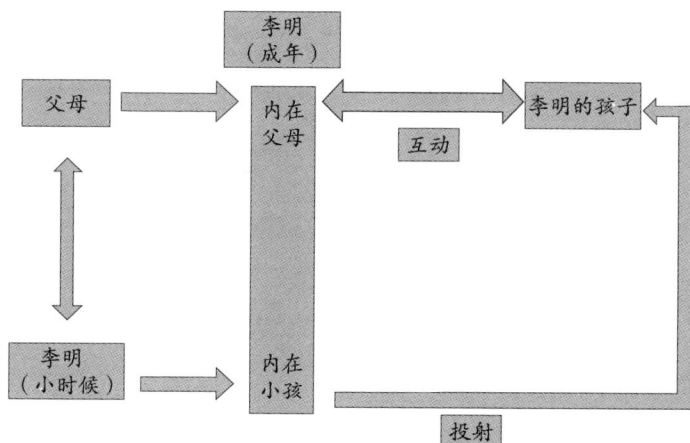

图 1-6 内在父母和孩子的投射互动模式图

　　李明和妻子平时相处也是没有问题的，但是当妻子指出他的问题或向他提一些正常的要求时，他会出现过激反应（见图1-5），比如，妻子说："你把这些水果放到冰箱里，放在这儿会坏的。"他就会非常激动地说："你凭什么要管我？！你为什么什么事情都要管我？！"原因是他此时把自己的内在父母投射到了妻子身上，他小时候积累的对母亲的那种反感和愤怒就出来了。

　　他感觉妻子是在管他的时候，就会非常反感。和妻子在一起有时会是一种讨好的状态，总是怕妻子生气，但是一旦妻子命令他的时候，他会变得很愤怒，会非常激烈地去跟妻子对抗，所以他的妻子经常会觉得他是喜怒无常的。"为什么这么简单的一句话会生这么大的气"。

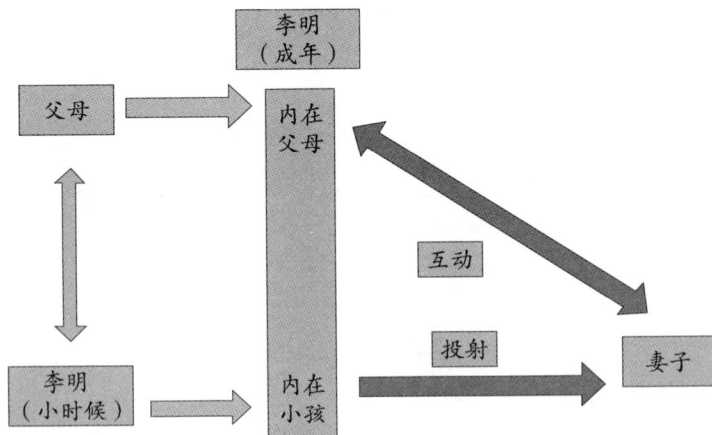

图1-7　内在小孩和妻子的投射互动模式图

其实他不是在和妻子对话，他是在和自己的内在父母对话。我们可以看到父母和孩子小时候的互动方式是多么深刻地在影响着一个人，影响着他今后的生活和工作。李明的父母其实都已经去世了，但是他的内在父母已经固化到他的心里了。无论何时何地，内在的父母随时随地会投射出去，内在的小孩也会随时随地投射出去，而影响着他和"他人"的互动方式。

如果李明的母亲人格状态比较稳定，在他拿了别人的笔以后采取的是另外一种模式：她能够看见真实的孩子，几岁的孩子分不清拿和偷的区别。她知道孩子不是故意的，李明肯定是太想要这支笔了，才忍不住去拿的。她可以看见这个孩子内心的恐惧、自责和羞愧，可以意识到孩子遇到麻烦了，要给孩子支持。

她可能会跟邻居说："对不起，给你们添麻烦了，你们先回去，我跟孩子了解一下情况。如果他拿了的话一定会还给你们。"然后再单独和孩子说："你告诉妈妈你有没有拿人家的笔？妈妈相信你不是故意的，你肯定是特别喜欢才拿的，这样的行为是不对的，你喜欢的话，妈妈给你买。"母亲去把笔还给邻居，去道歉，去替孩子承担这份羞耻，去向别人解释。这样的互动方式，就会形成一个完全不同的内在父母和内在小孩。未来李明在单位做错事的时候，不会惧怕领导，也不会有愤怒。他会把这件事情和领导说清楚，不会认为这有什么特别严重的，下次改就好了。

《情感依附——为何家会影响我的一生》这本书中写道："创伤和早期的亲子互动深深地埋藏在我们的人格之中。"创伤可能只是"闷烧"，就像看起来即将熄灭的火一样，然后再次死灰复燃，演变成我们无法预期的症状。

李明"偷钢笔"事件看起来是过去了，但其实母亲的这种处理方式给他造成了非常大的痛苦，这种痛苦会压抑在潜意识中，看起来好像没有什么影响，但是未来相似的场景出现的时候，它就会死灰复燃，会演变成和领导的冲突、和妻子的冲突、和孩子的冲突，而这些冲突会深深地影响一个人的生活质量，决定着人的幸福程度，影响事业的发展。他的领导会认为他是个不敢担当的人，工作上犯了错误以后不敢承认，不接受批评，没有人愿意和他合作共事。他会在工作中失去很多的机会，也会失去成长和进步的机会。

看起来李明是和领导、妻子、孩子在互动，其实都是内在父母和内在小孩在互动。一个人的内在父母和内在小孩是和谐的，他和外界的关系就是和谐的，一个人的内在父母和内在小孩是冲突的，他和外界的关系就总是冲突。

所以内在父母会有两种类型：一种是支持型，可以看见孩子、尊重孩子的感受，当孩子犯错时、遇到困难时，是孩子内在的倾听者、帮助者、支持者，当孩子开心、快乐、成功时，是孩子的分享者、肯定者和赞美者；另一种是迫害型，即李明的内在父母型，看不见孩子，不尊重孩子内在的感受，是一个内在的迫害者，就是不断地跟他过不去，造成许多内心冲突，总是处在一种很沉重、很不快乐、很愤怒的状态中。

父母的养育方式会让孩子形成什么类型的内在父母，取决于父母自己的人格状态。李明的母亲也会和李明讲很多道理，也总是和李明说，"我的脾气不好，你不要和我一样"，但是李明成年后成了和母亲一样脾气的人。所以对孩子来说，父母是什么样的人，比父母怎么教育孩子更重要。

03

父母的人格，比教育方法更重要

父母的岗位职责

父母的岗位职责就是养育出一个身心健康、人格完善的人。

人身体的健康成长需要有两个方面，一是需要足够的营养，比如维生素、碳水化合物和蛋白质等；二是要有一个健康的排泄系统，能够排出身体的废物。妈妈怀孕时，孩子是妈妈身体的一部分，妈妈通过胎盘和脐带供给孩子营养，帮孩子排出体内的废物，月份到了，孩子的身体会离开妈妈，剪断脐带，开始靠自己吃饭和自己身体的排泄系统长大成人。

人的心理发展和身体发育一样，需要满足心理的需求，需要将心理的"垃圾"及时排泄出去。"心理垃圾"就是愤怒、恐惧、沮丧、悲伤等负面情绪，这些负面情绪就像人身体产生的垃圾一样，要及时并且用健康的方式排出体外，否则就会影响人的健康。所以，人的心理要健康成长也包括两个方面：一是"补"，即充分满足心理的需求，二是"泄"，即有一个健康的负面情绪排泄系统。

心理上的"补"和"泻"在孩子 18 岁以前，主要是由父母来帮助孩子完成的。比起身体的养育，"心理自体"的养育对父母的挑战更大。孩子肚子饿了，会说"妈妈我饿了"；渴了，会说"我渴了"；想上厕所，会说"妈妈我要尿尿"。心理养育和身体养育的不同在于，孩子不会直接说他心理上需要什么，也很少说"我生气了，妈妈我要发泄出来"。孩子不会用直接的方式表达自己的心理需求和负面情绪排泄的需求。

孩子的心理需求、负面情绪的排泄都是隐藏在孩子的语言和行为中的，是无形的，父母通过和孩子的互动、日常的陪伴，从孩子的语言和行为中识别出他的心理需求和情绪排泄需求，然后通过语言和行为回应、满足孩子，帮助孩子学会用适当的方法发泄负面情绪，排泄出"心理垃圾"，并在这个过程中建立起健康的负面情绪排泄系统。而亲子关系就像是父母养育孩子"心理自体"的"心理脐带"。孩子的"心理自体"慢慢成熟，最终在青春期阶段完成"心理自体"从父母"心理母体"的分娩，成为一个心理健康、人格完善的成熟个体。

所以，父母的岗位职责除了养育孩子的身体，让孩子受到必要的教育等这些我们大家都知道并已经做到的外，最重要的是养育孩子的"心理自体"。我们这本书重点就是讲述如何养育孩子的"心理自体"。父母养育孩子"心理自体"的岗位职责有四个。

一是和孩子建立健康的亲子关系，这是养育孩子"心理自体"的通道，是能否成为合格父母的基础。

二是能通过孩子的语言和行为识别并判断孩子的心理需求和情绪排泄需求。

三是以恰当的方式及时回应和满足孩子的心理需求，并由此帮助孩子建立起一套健康的心理需求补给系统。

四是用恰当的方式帮助孩子释放负面情绪，并由此帮助孩子建立起一套健康的负面情绪排泄系统。

父母的岗位能力

了解了父母的岗位职责后，我们就要来看看，想成为一个合格的父母，我们应该具备什么样的岗位能力。

第一，有"看见"孩子的能力。这里的"看见"，并不是肉眼的看见，而是要有一双能透视到孩子心里去的"红外线眼"，就是要了解孩子的心理，了解孩子不同年龄段的心理发育规律、需求和特点，了解孩子的智力类型和思维方式。这是养育孩子"心理自体"的前提条件。这部分内容我们会在第二章、第三章中给大家介绍。

第二，有正确的教育目标。目标就是方向，如果教育的方向错了，再努力也不会取得好的效果，甚至越努力越糟糕。我在和众多的青春期父母交流时，很多父母都说："我为孩子付出了那么多，为什么我的孩子会这样？连正常的学习能力都没有，甚至不能去上学？"就是因为教育的目标错了。教育的目标我们会在第四章中给大家介绍。

第三，掌握养育的方法。知道了孩子的心理发育规律和发育特点，了解了孩子在哪个阶段需要获得什么样的心理需求，知道了孩子需要排泄"心理垃圾"，那该怎么满足孩子的心理需求？如何帮助孩子排泄"心理垃圾"？父母在养育过程中容易进入哪些误区？这部分内容我们会在第五章中给大家介绍。

第四，提升养育的能力。如果说养育的理论和方法是"术"的话，养育的能力就像是"道"，或者说是一个人的内功。就像在本章的第二节中和大家分享的一样，父母自身的人格状态对孩子的影响是巨大的。所以，著名的自体心理学家科胡特说："父母是什么样的人，比他们做了什么更重要。"如果父母的人格是基本健康的，个别创伤性事件的影响是可以疗愈的。我把这句话改一下：父母是什么样的人，比父母怎么教育孩子更重要。

父母自身的人格稳定了，才不会被外界的压力、社会的焦虑、学校的竞争所裹挟，才有能力从孩子的外在表现识别出背后真正的心理需求，父母自己情绪稳定，不焦虑，才有能力用恰当的方式回应和满足孩子的心理需求，才有能力接纳孩子的负面情绪，成为孩子的"情绪垃圾桶"。

很多和我学习过的青春期的父母都说，"正是孩子的这些问题，才让我重新认识了自己，才让我重新养育了一遍自己，是孩子让我找到了自我"。父母和孩子共同成长，才是成为合格父母的保障。

多为自己活着，把自己变成一个轻松快乐、独立成熟的人，这样才有能力把孩子从自己身边推开，让孩子轻松地做自己，把全部力量用来发展自己，而不是牵挂父母，这是父母能够给予孩子的最好的礼物。

不是孩子幸福了，父母才能幸福。而是父母幸福了，孩子才敢幸福。

Be a

Better

parent

第 二 章

心理养育原理

充分满足心理需求

及时排泄"心理垃圾"

构建心理养育系统

01

充分满足心理需求

按照精神分析的理论，人的心理在成长的过程中有四类需求，我国著名的精神分析研究学者曾奇峰老师把这四类需求称为人活着的四个驱力。这些需求就像是人身体所需的维生素、蛋白质等营养元素一样，是心理发育必需的元素，这四类需求得到充分满足后，孩子才会建立强大的心理自体，也就是我们说的自我，一个有自我的人才会发展成为一个有能力、有动力、温暖、有趣、自信、专注、自律、抗挫折能力强的人。如果这些心理需求得不到满足，心理发育就会受到影响。在精神分析中，这四类需求是情感需求（弗洛伊德把这类需求叫作力比多）、攻击性需求、关系需求和自恋需求。为了便于理解，我把这四类需求拓展为五类，并用我们更容易理解的五个词汇表达出来，大家可以看一下表 2-1。

表 2-1 心理健康成长所需要的五类心理需求

序号	名称	满足的方式	满足后的人格特质	未被满足、被压抑或过度满足后的症状
1	安全感（情感需求）	无条件满足	自信、乐观、坚强、专注，有信任他人的能力，有毅力	自闭、自卑、脆弱、抗挫折能力差，不信任他人，很难和别人亲密，容易放弃
2	尊重、亲密、温暖（关系需求）	放手、界限、无条件满足、无条件接纳	自尊、自信、热情、令人愉快、人际关系健康	冷淡、不合群
3	快乐、美好自由（情感需求）	消除限制性信念、无条件满足	有趣、洒脱、气质好、坚强、乐观	无趣、悲观、情绪暴躁、愁眉苦脸、僵硬
4	价值感（攻击性需求或生存需求）	肯定、认可	自信、自律、有能力、学习动力强、竞争力强	没有学习动力、懒惰磨蹭
5	成就感（自恋需求）	肯定、认可	自信、自律、创造力强、思维活跃、独立分析问题能力强、享受工作和生活给自己带来的乐趣	做事被动、不爱思考、完美主义、僵硬、刻板、惧怕竞争失败、只能赢不能输、嫉妒心强

这五个方面的心理需求会贯穿在人的一生当中，0～18 岁期间主要是由父母提供，每个年龄阶段需要父母提供的量、提供的方式和及时性都是不同的，这部分我们会在接下来的第三章中给大家介绍每个阶段的需求有什么不同。如果父母在孩子 18 岁以前养育方式恰当，孩子成年后的心理发展就会健康而成熟，最重要的，是会建立起自己健康的"心理需求补给系统"

和"负面情绪排泄系统"。父母在孩子 0 ~ 18 岁时的恰当养育会让孩子有一个健康的"心理体质"，而这两套系统会让孩子在未来的人生中既有能力创造和享受人生的幸福和成功，也能在遭遇困难时能从挫折中尽快走出来，不会就此沉沦下去。

安全感是人类最底层、最基本的需要

安全感是人最底层、最基本的需要。人类大脑只有在安全的情况下，才能理性专注地学习、生活和工作。认知神经科学认为，人类的大脑在几百万年的进化过程中，发展出了两种工作状态，神经系统一和神经系统二的状态。远古人类在和大自然的抗争中，要随时警惕各种猛兽的袭击，大脑要非常快速地根据当时外敌的状况做出判断，是逃跑还是反击？大脑在这种状态工作时，更多的是处在紧张的决策中，肌肉紧张、僵硬，是一种防御状态，这就是神经系统一的工作状态。几百万年的进化过程中，人类的大脑发展出了理性脑，这是人类区别于其他动物的部分，人类具备了思考、理智、认知、语言和想象力等能力，这是大脑的第二种工作状态，也就是神经系统二的状态。

当人处在不安全的环境中，面临危险时，会立刻关闭理性脑，启动自我保护机制，自动切换到神经系统一的状态，身体本能地根据当下的状况出现对抗、逃跑、木僵三种状态。比如，当汽车驶来的时候，石头砸过来的时候，我们的身体会本能地躲避。当人在轻松愉悦、安全的状态时，大脑就会处在神经系统二的状态，这时候人的状态是开放和接收的状态，此时的大脑专注、理性，思维能力、吸收知识的能力强，这种状态下学习和工作的效率特别高，在这种环境下成长起来的孩子学习成绩才会好。

所以，大脑的构造是越安全、越放松、越愉悦就越能进入学习状态。如果父母总是争吵，情绪暴躁不安，或者对孩子期待很高，因一点错误就打骂孩子，动不动就说"你不听话我就不要你了""你再不好好学习，将来就会去要饭"，孩子内在总是处在惊恐、不安的状态，大脑多数时间在神经系统一的状态中工作，随时处于防御或对抗的状态，孩子的学习自然不能专注。不知道大家有没有注意到，孩子在培训班、早教机构学画画、弹琴时，父母大声训斥孩子时，孩子就完全呆住了，连一些基本的指令都无法听懂，基本的动作都无法完成。

可能有人会说，"我一吼，孩子就听话学习了，效果不也挺好的"，父母的恐吓可能会让孩子服从、听话，放下游戏去学习，但是内在会积压愤怒、恐惧、委屈等很多负面情绪，这些情绪可以被压抑，但是并不会消失，当累积到一定程度，再也压抑不住的时候，就会出现持久的对抗、逃跑或者木僵。很多父母说，"现在条件这么好，孩子反而变得脆弱、厌学了"，这就是大脑长期处于神经系统一的工作状态所致。小的时候，面对父母的恐吓、训斥，孩子会通过哭、闹表达自己的对抗，再大一点了，会产生隐形对抗，做事拖拉、磨蹭，进入青春期后，要么直接和父母对抗、争吵、打闹，要么关在房间、沉迷在游戏里，逃离父母，逃离学校，要么攻击自己，自伤、自残甚至自杀。这都是孩子长期没有安全感，大脑长期处在神经系统一的状态所致。

恐惧本是人类用来应付危险的自我保护，但很多父母自身情绪不稳定、动不动发脾气，拿孩子撒气，或夫妻之间频繁地冲突，或打着为孩子好的名义，利用"恐吓式教育"来强迫孩子服从、听话，试图通过这种方式让孩子挤压游戏、玩耍的时间，挤压孩子自由的空间，恨不得让孩子把所有的时间都用来学习，做所谓"有意义"的事，这样的教育只能带来短期的效果，对孩子的终身成长，特别是心理发育会造成严重的伤害。

快乐、自由和美好的需求

人从出生起就有追求美丽、创造、快乐、自由、温暖、性等美好事物的需求。比如，人都喜欢大自然的美景，喜欢听好听的音乐、欣赏一幅美丽的作品，阅读优美的文字，喜欢快乐、自由，喜欢人和人之间的爱与温暖，喜欢美丽整洁的环境，喜欢把自己打扮得美美的。孩子出生后，会自然表现出对美好的渴望，比如，孩子会指着一朵花让妈妈看："妈妈，你看这朵花好漂亮啊！"这就是孩子在和妈妈提出追求美好的需求了。如果妈妈积极地回应孩子："是哦，这朵花真的好漂亮啊！"孩子追求美好的部分就被看见了，被妈妈回应了，孩子追求美好的动力就被激励了，孩子就会继续在生活中发现美。同样的需求还有让妈妈看自己的涂鸦，邀请父母和自己一起听歌、看动画片，让妈妈看自己的衣服漂不漂亮，给自己读故事，分享自己的快乐……孩子的这些需求如果被父母看到并及时地满足了，孩子追求美好的需求就得到了发展，甚至得到了升华。什么是升华呢？孩子可能成为专业或业余的画家，孩子很会装扮自己，孩子很乐观等。这样的孩子长大后，就会成为一个温暖、有情趣、快乐的人。

如果孩子的需求没有得到满足，比如：妈妈忙着玩手机，忙着工作、干家务活，孩子说几遍都没有听见，不理孩子，或者说："去去，一边自己玩去，妈妈忙着呢。"还有的会说："看什么花啊，快点走，咱们还赶时间呢，上幼儿园要迟到了。"这样的妈妈就没有看到孩子的需求，不但没有满足孩子，还打击和伤害了孩子追求美好需求的动力，他的这部分动力就会压抑住，发展不出来，这样的孩子长大后，就会成长为一个无趣、悲观甚至自闭的人。

温暖、尊重和亲密，健康关系的需求

　　人活着很重要的一个需求就是要和人建立关系，健康的关系有两个方面，一方面是在关系中获得尊重、温暖和亲密，另一方面又在关系中有自己的空间，不会被关系绑架，保有自我的空间和自由。健康的人际关系既让人在学校、职场、家庭中能获得高品质、舒服的关系，获取必要的支持和资源，提高生活的幸福度，又不会因此妨碍自我的建立和发展，有自己的空间，可以自己管理自己的时间，自己决定自己的行为方式，保持自我掌控的确定感和稳定感，在关系中体验到自由的感觉。

价值感、生命力，学习动力的源泉

　　这类需求，就是弗洛伊德所说的攻击性需求，也可以叫作生存的需求。攻击性是指一个人对外界的攻击驱力，表现为人和人之间的竞争，学习、工作的动力。每个人都渴望在这个世界上很好地生存，而生存下去就需要在社会上、在人群中有价值。人通过学习才能具备工作和创造价值的能力，人需要通过竞争才能在人群中凸显自己的价值。所以，孩子的学习动力和竞争力是天生就有的，并不是父母后天培养和激发出来的，学习动力和竞争力是孩子攻击性的释放。

　　很多父母觉得孩子的学习动力是培养和引导出来的，甚至是吓出来的，总是说"你不好好学习，将来就会生活得很惨"，其实，恰恰是父母对于孩子攻击性的需求没有满足，对于孩子的恐吓和压抑伤害了孩子的学习动力。孩子在学习上的攻击性是如何表现出来的呢？孩子会写字了，会说："妈妈你看，我会写'王'这个字了。"第一种回应是："我的宝贝真棒！都会写字了。"第二种是妈妈忙着干活儿，没有回应，第三种是："写得这是什么呀？太难看了！重写！"第一种回应方式满足了孩子的攻击性需求，让孩子在写字上有了价值感；第二种就是忽视；第三种就是伤害和打击。第二种和第三种方式都不利于孩子在学习上的攻击性释放，父母长期使用第一种互动模式，肯定、认可孩子的学习过程，孩子的学习动力就会越来越强，而第二种和第三种模式，就会破坏孩子在学习上的攻击性，长期使用这两种模式，孩子的学习动力就会越来越小。

　　小孩子天生是不怕竞争的，有些孩子看上去是害怕竞争，其实并不是怕竞争，而是怕竞争失败后的体验。失败很正常，但在很多父母的头脑里，失败很可怕、很羞耻，所以，孩子失败后父母会批评孩子、惩罚孩子，父母认为这是激励孩子，会让孩子更努力，是为孩子好，恰恰相反，这些批评和惩罚其实是父母在发泄自己的负面情绪，伴随着竞争的这些糟糕的体验才让孩子逐渐恐惧竞争，如果孩子竞争失败后，父母表现得很轻松、正常，孩子在竞争失败后虽然会有一些失望和沮丧，但是能够自我调节，很快就会走出来，也就不会惧怕失败。

孩子的攻击性需求得到充分满足后，会发展出人的工具化、功能化属性，也就是一个人强大的学习和工作能力，这种能力会让人产生价值感，而价值感又会提升学习和工作的动力，让人获得强大的生存能力，进而获得安全感和稳定感。

成就感，骄傲也使人进步

价值需求，主要的需求是要证明自己是有用的，虽然也让人有很强的动力学习和工作，但带着一些功利性，以及强迫和无奈。成就感是人的自恋需求，当一个人用自己的力量给自己，给周边的人，甚至是给社会带来变化后，会被人夸赞"你真牛啊""你真棒啊"，这就是成就感，成就感被看见后，会让人产生强烈的愉悦感，这种愉悦感让人享受做事本身带来的乐趣，让人更加专注于做事本身，而不仅仅是追求做事的结果，会让人思维活跃，激发出人充沛的创造能力，也会有更大的成就和成功。

中国人常说的一句话是"谦虚使人进步，骄傲使人退步"。孩子考试成绩特别好，和妈妈得意地炫耀一下自己的成绩，妈妈通常会说，"别骄傲啊，你还有很大的努力空间"。这其实就是孩子在学习上有了成就，想满足自己的成就感，如果父母说："我儿子真厉害！"就是看到了孩子的成就，满足了孩子的成就感需求。孩子在学习上反而会更有动力，想在学习上取得更大的成就。如果妈妈说"别骄傲"，孩子的成就感没有得到满足，反而会减少自己在学习上的动力。

这五个心理需求，就像是一个个小嫩芽，自身带有强大的内驱力，它们会主动向外伸展、生长，而父母就像是土壤、阳光和空气，如果能够看见孩子的需求并给予充分的满足，这些小芽就会生长、壮大，变成一个充满生命的活力，有着强劲的学习动力和工作动力，快乐、温暖和美好的人。如果父母看不见孩子的心理需求，孩子的心理发育就会不良，或者只是看见孩子其中的一部分心理需求，比如只看见孩子的价值感，只强调学习的重要性、工作的重要性，孩子就会发育畸形，成为一个只会学习的"书呆子"，或只知道工作，不会享受生活的"工作狂"。

02

及时排泄"心理垃圾"

身体的发育既需要营养，同样需要排泄身体产生的废物。人的心理也一样，在和大自然的斗争中，在和人的相处中，在学习、工作、生活的过程中，不可避免地会遇到挫折和失败，会遇到打击，会在竞争中失利，会经历失去亲人和自己心爱的物品、钱财等，这些都会让人产生负面情绪，这些负面情绪就像是心理产生的"垃圾"，需要通过恰当的方式及时排泄出去，心理发育才能健康，不及时排泄出去或者用不恰当的方式排泄，都会对心理产生伤害。

情绪，与生俱来的能量

愤怒、焦虑、沮丧其实都是人类的情绪。我气冲冲地走出房间；我的内心充满悲伤；我快乐得要蹦起来了……这些情绪每时每刻都在我们的生活中，晚上我们进入深度睡眠状态并且无梦之时，是情绪唯一不会影响到我们的时刻。但是我们并不了解情绪，就像我们不了解天气一样，即使天气在我们生活中无处不在，可是我们并不知道天气是什么。那什么是情绪呢？情绪是人类存在的基本属性，是人类与生俱来的内在能量，情绪有恐惧、愤怒、羞耻、快乐等。

第一，情绪是我们的一部分，没有对错好坏之分。我们对情绪好像总是有一种敌意，特别是愤怒、悲伤、恐惧，当这些情绪出现在我们身上，或者最亲近的人身上时，我们本能地想排斥和压制，不愿接受这些情绪。

比如我们最常见的愤怒。我们总以为愤怒是不好的。孩子愤怒时，我们想压制孩子，想控制孩子的愤怒。但是愤怒并不都是负面的。愤怒给人反抗的勇气，是对自己的保护，能维护个人边界不被他人侵犯，也能威慑想继续欺负自己的人不要轻举妄动。这是愤怒的现实意义。

从更抽象的角度看，愤怒是攻击性的体现，而攻击性与生命力常常紧密联系。不管是正面情绪还是所谓的负面情绪，本质上都是生命力的体现。没有情绪，我们几乎和别人无法进行有意义的交流。一个没有情绪的人，必定不是一个有趣的人，不是一个有血有肉的人。

第二，情绪是流动的，是可以被感知的。有些妈妈说，"为了缓和气氛，我已经一个星期没和他发火了，每天看见他在沙发上玩手机的那副颓废的样子，我气不打一处来，强忍着不说。可是他一点儿都不领情，和我说话还是气呼呼的，一点儿都没改进"。是的，妈妈是什么都没说，但是妈妈心里是有情绪的，而情绪就像气味一样，是流动的，对方是可以感受到的，特别是亲近的人，孩子、夫妻之间都可以敏锐地感知到对方的情绪。所以有妈妈说："我和丈夫吵了架，儿子回家，虽然我表现得和平时一样，说'儿子，放学啦'？可是儿子就会不接我的话，问我'妈妈，你和我爸吵架了'？他好像闻到了空气中愤怒的气味。"

第三，情绪是暂时的，是会过去的。没有人会长期处于一种情绪状态中。无论是愤怒、快乐和悲伤。恰恰是不让释放、不允许的情绪会一直停留在那里，转变成攻击自身的力量。

情绪的表达方式

情绪的表达方式有三种，一是躯体化，以躯体症状、生病的方式表达心理和精神不适的一种现象，是个人烦恼表达与应付社会的一种手段，也是个体在心理应激反应下，表达躯体不适症状倾向的一种体验。躯体化的深层次原因在于心理问题长期压抑得不到解决，就以身体的病痛症状来反应，这是最糟糕的一种表达方式。二是行为表达。比如高兴得直蹦高、冲突后的打架对骂、摔门而去、逃学厌学、把门关上自己去打游戏不理人等。三是用语言来表达，"我对你这种行为很生气"，这是最高级别的表达形式。

第一，躯体化。露易丝·海是美国最负盛名的心理治疗专家，专门研究人的心理问题和身体疾病之间的关系。她在《心理的伤，身体知道》这本书里说，身体从未说谎，不被觉察的情绪，都会以疾病的方式宣示自己的存在。

我一个亲戚的孩子叫燕子，家里条件一般，但是妈妈很要强，特别想培养孩子的气质，花了很多钱给她买了一架钢琴，每周末都带她去老师家学琴，天天盯着她弹琴，错一个音符就会打一下小手。因此，燕子越来越讨厌弹琴，可是妈妈的强势，让燕子不敢说。有一次，燕子去练琴前，肚子疼得厉害，小脸儿都白了，妈妈见孩子确实生病了，就没让她继续练琴。从这次以后，每逢她去老师家练琴的前一晚，她的肚子肯定会疼，而且相当厉害。这种情况发生几次之后，妈妈觉得很奇怪，就带她去看医生，然而怎么查也查不出原因。

就这样，燕子断断续续地学了三年钢琴，而她每次去老师家之前，肚子都会疼。最后妈妈实在不忍心让她带病学琴，主动提出让她别学了。自从不学琴后，燕子的肚子再也没有疼过。燕子的肚子疼就是典型的情绪躯体化症状。她不想学琴，可是又无法反抗妈妈，心里的愤怒无法向外释放，转而攻向了自己的身体。孩子在婴幼儿时期或小学阶段比较弱势，不敢表达自己的愤怒、委屈和恐惧，比如孩子哭的时候，大人说"不许哭"；弟弟总是欺负姐姐，父母却总是说"不许你打弟弟""不许你生弟弟的气""不许恨弟弟""弟弟是你的亲人""我们是不可以恨弟弟的""恨自己的弟弟是错误的"……

但是委屈、恨和愤怒就在那里，父母不让恨，不许愤怒，这些愤怒也不会消失，这些情绪释放不出来，它们会去哪儿呢？它们停留在你的心里、你的身体里。长期而严重的压抑、长期得不到理解和满足，躯体就会将这种不适和糟糕的感受积存下来，以疾病的形式显现出来，这是情绪表达的一种最糟糕的方式，无法承受、无法表达的情绪让身体去承担。露易丝·海在她的"身心疾病对应表"中指出了 106 种身体疾病的症状与心理的关系。比如癌症就是长久忍受内心深处的忧伤与愤怒的侵蚀所造成的，心脏病就是严重的情绪问题。

第二，用行为表达。有的父母在生气和愤怒的时候会打孩子，这就是在用行为来表达自己的情绪，孩子被打之后，他的愤怒也是被压抑住的，当他遇到比自己弱小的人的时候，他就会用同样的方式对待别人。还有的人是用逃避的方式来处理自己的情绪，当他面对老师和同学感觉羞耻时，面对家长觉得内疚时，用不去上学、进入游戏中来逃避自己糟糕的情绪。就像我们成年人，有时候在工作中遇到困难和麻烦，去找哥们儿喝顿酒、大喊大叫一样，都是一种用行为来表达自己情绪的方式。这种方式将情绪释放出来，不会压抑在身体里，是一种比躯体化表达情绪好一些的方式。但是有些行为方式会破坏关系，会在现实生活中对我们造成伤害或不利的影响。

　　第三，情绪表达言语化。情绪是我们的内在语言。能够用温和的、清晰的语言来表达自己的情绪与情感状态，是最理想的情绪表达方式。比如：孩子小时候大哭，使劲跺脚，摔自己的玩具。如果我们看见孩子这个样子很烦，大声训孩子，让孩子好好说话，不许闹脾气。孩子就会把这种情绪压抑在心里，躯体化。如果我们平心静气的和孩子说："宝贝，你是不是生气了？你是不是因为妈妈没有带你出去玩生气了？"这样就是不压制孩子的情绪，而是和孩子对话，直接谈论孩子的情绪，这样的表达方式会让孩子学会给情绪命名，用语言来表达自己的情绪。

　　情绪的表达方式是从小养成的，人从小习惯了用什么样的情绪表达方式，就会一直使用这种方式来表达。

与情绪建立健康的关系

　　通过上面对情绪的探讨，不知道大家对情绪是否有了一个不同的认知，不再那么惧怕情绪了？是的，当我们走近一个我们一直回避的、害怕的东西时，我们就发现它没有那么可怕。我们要尝试着和情绪建立一种健康的关系，当我们和情绪建立起一种健康的关系后，孩子也就有能力和情绪建立一种健康的关系了。《情绪亲密——唤醒 19 种情绪的神秘力量》的作者，美国心理学博士、关系治疗专家罗伯特·奥古斯都·马斯特斯说，与我们的情绪建立健康的关系，是我们可以给予孩子的最大礼物。

03

构建心理养育系统

孩子的心理养育有三类客体，父母、他人（朋友、同学、亲戚、小动物等）以及兴趣爱好（大自然、艺术、运动、游戏等）。

在这三类客体中，父母是最重要的养育客体。

他人是养育的第二类副客体。随着孩子的不断成长，孩子开始走上社会，开始接触小朋友、同学、老师、朋友、亲戚，这些人也会在孩子的成长中给孩子提供心理需求。比如：和小朋友在一起玩的时候，小朋友会说："你的衣服好漂亮啊！"这就满足了孩子的追求美好的需求，孩子在学校成绩好，同学们会说："哇，你的数学真是超级厉害！"这就满足了孩子的价值感和成就感。女孩子们都有闺密，被老师批评了，和闺密倾诉一下，一条小狗、一只小猫，那么无条件信任和依恋我们，我们可以抱着它们说心里的话，这既满足了孩子的关系需求，还帮助孩子释放了负面情绪。

第三类客体——兴趣爱好也是养育的副客体。人们都喜欢欣赏大自然的美景，一朵花、一片云、一座或巍峨或秀美的山等，都会让我们内心愉悦，觉得生活都变得美好起来了；好的文学作品、影视作品，一首或欢快或悲伤的歌曲，一幅美丽的图画，都会打动我们的心，让我们高兴，让我们流泪；跑步、拳击、跳舞、游戏（真实的游戏或电脑、手机游戏）、钓鱼会让我们开心、快乐……所有的这些，都是在满足我们追求美好的需求，也是在帮助我们释放负面情绪。这些兴趣爱好看起来是无用之物，其实是滋养我们心理，帮助我们释放负面情绪的副客体。

很多父母在孩子小的时候都会给孩子报一些兴趣班，但大多是抱着功利的目的，在学习中要求孩子考级，以便在升学择校中加分，或者成为家长炫耀的工具。这完全背离了兴趣爱好的本质。绘画、歌曲和文学作品的创作，都是一个人把自己内在的情绪，或美好或愤怒表达出来，看到的人，听到的人，就会产生共鸣，而共鸣就是内在的情绪被看见和回应，这就是对自我最好的滋养和疗愈。当然，有些孩子会在成年以后，把自己的兴趣爱好升华，成为作家、画家和音乐家。

0～18岁期间，孩子的心理自体尚未发育成熟，父母要成为满足孩子心理需求，帮助孩子释放负面情绪的主体。

如果父母在孩子的成长阶段出于种种原因没有很好的养育孩子的心理,孩子心理需求长期匮乏,负面情绪长期得不到释放,就会出现行为偏差,把副客体当成主客体,从副客体中去获得补偿。很多沉迷于游戏与网络、和一些不良少年交往的青少年就是因为亲子关系不好,跑到网络、游戏和伙伴中去满足自己匮乏的心理需求,释放自己的负面情绪。如果父母不重视、不改善,就会影响到成年以后的生活,容易出现的症状通常有以下几类:一是成瘾症,沉迷游戏、酗酒、赌博、吸毒、过度运动、工作狂等;二是容易进入不健康的关系,比如喜欢年龄差异很大的异性,甚至不惜介入他人的婚姻;三是很容易进入传销组织,被骗钱财等。

我有一个朋友,遭遇了离婚和工作上的挫折,在心情最低落的时期,他也没有丧失对生活的信心,始终坚信这是暂时的,这些终会过去的。因为,他有一个坚强、乐观的母亲,在他的成长过程中,每次家里有事时,他的妈妈就会说:"人这一辈子,谁还不遇到点儿事儿啊,甭后悔,遇着事儿咱认,认命不受屈,咱总能跨过去的,有妈呢,不怕。"母亲的这些话深深地内化到他的潜意识中,使他有了生活下去的勇气,他有一群朋友陪着他喝酒、钓鱼。现在他已经完全走出来了,和妻子重新生活在一起,工作也走上了正轨。他的心理需求供给系统和负面情绪排泄系统,就是妈妈和他的互动模式的内化,以及朋友的陪伴和自己的兴趣爱好,这些系统在他遭受挫折的时候,一起发挥作用，支撑他走过了人生的低谷。

　　父母在孩子 0 ～ 18 岁之前，一是要和孩子建立起健康的亲子关系，尽力满足孩子五个方面的心理需求，帮助孩子释放负面情绪。同时，要鼓励孩子发展出自己的社交关系、兴趣爱好，帮助孩子建立起一套健康的心理需求补给系统和负面情绪（心理垃圾）排泄系统，这样，孩子在成年以后，就有了自我养育的能力，能够发展出稳定的自我和健全的人格，成为一个独立的个体。

Be a

第三章

心理养育原则：
尊重规律，发展长板

Better

parent

0～18 岁心理发展规律和任务

智力类型比智商更重要

发现孩子的优势思维模型

01

0 ～ 18 岁心理发展规律和任务

　　发展心理学和心理动力学一般把 0 ～ 18 岁的成长期划分为五个阶段，这五个阶段的大致时间为 0 ～ 1.5 岁、1.5 ～ 3 岁、3 ～ 6 岁、6 ～ 12 岁、12 ～ 18 岁。

　　美国心理学家埃里克森提出了著名的心理社会发展的八阶段理论，这一理论被许多人看作是人格理论中最有价值的一种。埃里克森认为，人生每一个阶段的发展都是不可忽视的，每一个阶段的良好发展，会为下一个阶段的发展打下基础。每个阶段都有一个独特的发展任务。如果外在环境有利于个体顺利实现这一发展任务，则人格就会健康发展。反之则个体就会出现发展"危机"，形成不良人格，并妨碍以后各时期人格的健康发展。不同阶段发展得顺利与否对今后的人格将有重大影响，而且年龄越小，造成的创伤越大，也越难恢复。

由于父母对孩子心理健康发育知识并不了解，所以父母并不知道自己在养育孩子方面出现了问题，这些问题日积月累，在某一天就会表现出来，孩子在各个时期都会通过一些方式表达，比如一个 4 岁的孩子上幼儿园哭闹，无法与其他小朋友一起玩，一个小学生写作业总是磨蹭到很晚才写完，一个中学生突然有一天不去上学了……

孩子在各个阶段出现的这些问题并不是偶然的，是由于在前面几个阶段的养育过程中出现了问题，出现这些问题其实是孩子在一次又一次地向父母、家庭、老师、向社会发出求救的信号。这种信号在向父母传递一个信息："我很痛苦，我的生存环境有问题，我的心理出现了问题，你们要帮助我，我需要一个更好、更加适应的生存和发展环境。"

但是孩子的这些求救信号被老师、家长、社会忽视了，而且更多的是当成了问题，有时候甚至会使用更加不恰当的方法对待孩子，给孩子造成了更多的创伤。孩子的身体还是会长大，智力也会发展，因为食物和营养是充足的，学校教育也是有保障的，但是心理的发展却停滞了，这一点很难被父母意识到。

等这些孩子成长到了青春期、成年期，受完高等教育走上社会时，他们就会出现适应性较差的问题，可能出现人际关系、心理和情绪方面的痛苦。

这时父母就会感到非常吃惊和不理解："我们好吃好喝供着你，没缺你吃、没缺你穿，你怎么就这样了？"这些问题的根源在哪里？根源不在当下，不是你现在遇到的问题和困难，这些问题和困难只是一个诱因和触发点，是在前面那些发展阶段出现了问题。

现在父母对孩子的身体健康非常重视，都记得给孩子打预防针、体检，几个月该打疫苗，几岁该体检，几乎每个父母都清楚。父母告诉孩子们要饭前便后洗手，帮助孩子们过着干净的生活，预防一些传染性疾病。可是在心理健康这个领域里，我们却从来都没有预防的概念。

如果一个人从小打了预防针，那他很多的疾病就不会产生。同样在心理上也是：如果一个人出生之后，甚至从他还是个胎儿的那一刻开始，一直到18岁，五个阶段的发展过程是正常的、健康的，他就会变得成熟，成为一个心理健康的人。在他长大之后，并不是没有痛苦，他的痛苦主要来源于探索这个世界过程中所感受到的那些痛苦。如果这个人在早年的成长环境和亲子关系中是有问题的，他的身体也能长大，长大之后感受到的就不仅仅是生活和探索的痛苦了，可能额外增加了更多的苦难，比例情绪障碍、关系上的困难、亲密关系上的纠缠等等。

所以父母系统地学习孩子每个阶段的发育规律和容易出现的问题，就是接种心理健康的"预防针"（见表3-1）。每个阶段的预防针都要打，因为它们起到的作用是不同的。这也就是我们这本书所要达到的目的。当然，这是通过父母的学习来完成的。

表 3-1 父母开始学习的时间对孩子心理发育状况的影响

孩子年龄	父母对孩子人格的影响	孩子本阶段心理受到创伤后的解决难度	本阶段孩子的外在表现	父母与孩子的冲突	父母开始学习的有效性
0 ～ 1.5 岁 1.5 ～ 3 岁	★★★★★	★★★★★	大多无明显问题，无学业压力	★	特级预防
3 ～ 6 岁	★★★★	★★★★	大多无明显问题	★★★	一级预防
小学阶段	★★★	★★★	学业开始出现问题	★★★★	二级预防
中学阶段 12 ～ 18 岁	★★	★★	学业、人格均出现问题	★★★★	三级预防

根据表 3-1，孩子在 0 ～ 6 岁期间，家庭的主要冲突和关注点是放在孩子的照顾上，父母学习的动力也是集中在孩子的吃、穿等日常的照料上，虽然孩子会上早教班和各种兴趣班，但由于学业压力不大，父母对孩子的心理健康并不关注，但这个阶段却是孩子心理成长最关键的时期，这个时期父母对孩子的人格影响最大，如果孩子在这个时期受到不恰当的对待，孩子未来恢复的难度就会比较大，所以我们把这个阶段叫作特级和一级预防期。

6 ～ 12 岁，孩子开始上小学，这个阶段学业压力开始出现，特别是陪写作业问题，会成为家庭冲突的焦点，但是由于孩子还小，大多数都不会和父母对抗冲突，父母学习心理知识的动力也不大。这个阶段父母开始学习，会对孩子的学习习惯产生有利的影响。

从十一二岁开始，孩子进入青春期，进入小学高年级，小升初、中高考的压力增大，家庭冲突增多，这个阶段很多父母和孩子的矛盾和冲突到了不可调和的地步。此时父母学习的动力很强，迫切想要改善和孩子的关系，改善孩子的学习状态。这个阶段是孩子离开家庭，走向社会前父母能有机会在心理上给孩子更多滋养的最后一个阶段。

这章我们将逐一讲述每个阶段孩子的心理发展规律是什么，孩子会遇到什么样的问题，对未来会产生什么样的影响。

0～1.5 岁，是人的性格形成最重要的时期

0～1.5 岁的婴儿处于人格发展的第一个阶段，在精神分析中也叫口欲期。按照埃里克森的说法，基本信任对基本不信任。这一阶段是儿童开始探索周围世界是否可靠的阶段。所谓基本信任，就是婴儿的需要与外界对他需要的满足是否保持一致。

这个阶段的儿童最为孤弱，完全需要成人的照料，对成人依赖性最大。这一阶段的主要护理人一般是母亲，当婴儿因饿、冷、痛等身体不适而啼哭时，母亲能够迅速及时出现给予照料

是建立信任感的关键。如果母亲能以慈爱和惯常的方式来满足婴儿的需要，他们就会形成基本信任感；如果母亲拒绝他们的需要或以非惯常的方式来满足他们的需要，他们就会形成不信任感。

所谓惯常，是指母亲对儿童养育方式的规律性、一惯性、持续性、可靠性以及儿童体验到的可预见性，而不是忽冷忽热，一天三变。这个时期是人类心灵和身体最弱小的时候，对外界没有任何控制力和抵抗力，父母完全、及时的响应对孩子来说是至关重要的。如果儿童在这个阶段得到较好的抚养并与母亲建立良好的亲子关系，儿童就会对周围世界产生信任感，这也将有利于下一个阶段自主性的顺利发展。相反，如果儿童在第一阶段对周围世界产生怀疑和悲观情绪，则可能导致下一阶段产生消极的结果。

这个阶段如果得不到恰当对待，将来会有两种表现，一种是非常容易轻信、被动，总是要求得到他人的关注，遇到挫折时不能独立自主地去解决问题，而是向成人（特别是向父母）寻求依赖，有一种返回母亲怀抱寻求安全的倾向。这个阶段喂食是特别重要的，如果婴儿突然断奶或断奶太早，长大后就可能会过分纠缠配偶或者过分依赖配偶。另一种表现是喜欢争论并刻薄地挖苦人、喋喋不休、疑心很重，甚至喜欢盘剥他人，以及出现悲观、退缩、猜忌、苛求等特征。

总体来说，这样的孩子是自恋的，主要对自己感兴趣，总是要求别人给予或是向别人索求，依赖别人满足他的需求，有时他也给予别人，但却是为了回报和得到赞赏；口欲期发展不好的人在工作中追求安全感，扮演被动、依赖的角色；害怕失去，怕被别人欺骗，遇到挫折时易怒或想不开。儿童或成人行为上的表现，如喜欢嚼口香糖、咬指甲、咬铅笔、咬牙签，喜欢狂吻等，滥吃、贪吃、吸烟、嗜酒等，都可能是口欲期性格的特征。

1.5 ～ 3 岁：自主性 vs 羞怯和疑虑

在第一个阶段，婴儿只是被动做出反应，而不能主动采取行动。但在第二阶段，他们迅速形成许多技能，学会了爬、走、推、拉，学会了抓握和放开，开始重复这些刚刚产生的行为，并从中得到快感。他们不仅把这些能力应用于物体，而且还应用于控制和排泄大小便。换句话说，儿童从这个阶段开始有了自己的意图，试图摆脱外部世界的约束，试图显示自己的力量，想"随心所欲"地决定做还是不做某些事情，更重要的是，他们学会了怎样坚持或放弃，也就是说儿童开始"有意志"地决定做或不做什么。他们坚持自己的进食、排泄方式，试图拒绝大人的帮助，而且他们开始掌握了一定人类的语言，开始利用掌握的语言与他人交流，这时孩子会反复应用"我""我的""不""不要"表达自我的词来反抗外界控制。

这一阶段，随着儿童自我意识的逐渐形成，以大人的眼光看来，儿童的第一个"叛逆期"开始出现。因而儿童从这时候起就开始介入了自己的意愿与父母的意愿相互冲突的矛盾之中。所以婴儿遇到的第二个社会问题是如何处理与父母（增加了男性成人）的关系，能够获得成人的支持和宽容，自主地做一些自己能做的事情。如果父母过分溺爱、过度保护，或过分严厉，并常常不公正地使用体罚，儿童就会感到疑虑和体验到羞怯。

儿童的这些想法和做法，体现了独立意识，他们试图在这些活动中获得一种自主的感觉。然而这种自主感会遇到能力不够等实际困难，也会受到不能对自己的行为负责的威胁。因此这个时候的儿童有双重渴望：既希望父母能放手让自己做主，做一些自己喜欢的探索活动，又想获得父母的支持、帮助和宽容。如果儿童在不安全的时候可以安全地退回母亲的怀抱并获得安慰，他们就会更大胆地接触他人和寻求挑战。往前走，又往回看看妈妈，又接着走。

这时候如果父母或其他抚养人允许他们独立地去干一些力所能及的事情，在孩子需要时对他们的自主探索给予及时的帮助和指导，并赞赏他们的进步和成功，宽容他们的幼稚和失败，儿童就会有一个舒展的、自主的感觉，就会建立自主感，形成基本的自主性，更加积极地自主探索、独立地做自己的事情。

相反，如果成人过分保护他们，怕有危险，处处包办代替，什么也不需要他们动手，不给他们提供独立自主的机会，一遇到孩子的自主探索行为就紧张地大呼小叫、大惊小怪，马上制止。又或者父母对孩子要求过高，过分严厉，稍有差错（例如打碎了杯子）就粗暴斥责甚至体罚；或者对他们生理上的不足（例如尿床或尿湿裤子）不依不饶，批评过度。让孩子遭遇太多失败的体验，导致他们或羞愧自卑、缩手缩脚，或不知所措、无所适从，对自己可活动的范围感到困惑，或者变得遇事被动等待，或者怀疑自己的能力，顾虑自己的失误，并产生无能感、无用感，丧失自主性和主动性。

另外，有些父母对孩子听之任之，或者儿童根本就得不到成人照料，在没有成人的关怀、指导和帮助下，可以自己决定自己要做的许多事情，这样的孩子可能不缺乏主动性——因为没有人指责和约束，但却发展为另一个极端——放任，处理事情界限不清或缺乏边界和原则。这样的儿童往往缺乏自我控制能力，进而影响社会化功能及与他人合作的能力。

这个阶段如果得不到恰当对待，将来会有两类表现。

一类是过于放纵型。这类人不讲规则，残忍而自私，具有破坏性，表现为邋遢、浪费、无条理、放肆、凶暴等；延伸表现为随意、马虎、过分慷慨、放纵、生活秩序混乱、过于不拘小节等。

另一类是过于严苛型。如果父母对孩子要求过严，孩子的人格将会向严格律己、谨小慎微、循规蹈矩或过度爱整洁等方向发展，这类人固执、吝啬、守规矩、死板、有强迫性洁癖，表现为过分干净、过分注意条理和小节、小气、忍耐度高、过分坚持己见等。

这个时期被不恰当对待的人有较多的"应该"，希望将自己的方式加在别的人和事上；内心冲突较多，主要在于抓住或放弃，反抗或顺从，谁控制谁的问题。在这个阶段中，如果儿童形成的自主性超过羞怯与疑虑，就会形成意志的品德。埃里克森把意志解释为：进行自由决策和自我约束的不屈不挠的决心，尽管在幼年期不可避免地要体验到羞怯和疑虑。具有意志品质的儿童也更加能够面对羞怯和怀疑的境地，表现出自由选择或自我抑制的不可动摇的决心。意志品质往往能让人更加容易有所成就，生活得也更充实。

总之在这一阶段，儿童不满足停留于狭窄的空间，而渴望探索新的世界。他们一方面在信任感的基础上产生了自信，认识到自己的意志，产生了一种自主感；另一方面又因为觉得过多地依赖别人而感到羞怯，或因为担心越出一定环境范围而感到疑虑。这时明智的父母对儿童的行为要注意掌握分寸，既要给予适度的自由，也要有所控制，这样才能养成儿童的宽容而自尊的性格。反之，如果儿童因不知所措而感到困惑，就会引起本阶段的心理社会危机。

这一阶段，父亲和家庭其他成员在儿童心目中增加了重要性。游戏在儿童生活中也开始占重要地位，它给儿童提供了一个安全岛，可以使儿童在其内心法则范围内发展自己的自主性。埃里克森认为本阶段的发展任务的解决，可为个人今后的遵守社会秩序和法治生活做好准备。

3～6岁：主动性 vs 内疚感

这一阶段，儿童所处的家庭氛围、文化和价值观念对儿童成长有重要影响。

在这一时期，儿童能更多地进行各种具体的运动神经活动，知觉和肌肉运动更加精确化，能更精确地运用语言和更生动地运用想象力。这些技能使儿童萌发出各种思想、行为和幻想，以及规划未来的前景（如长大了要做什么）。随着能力的增长，儿童获得了更多的活动自由，建立了更宽广的物理环境，活动范围可以扩展到家庭范围以外。语言发展已经达到足够水平，从而使他们能够提出问题，最喜欢问的问题是"为什么"。除了模仿行为外，个体对周围的环境（也包括他们自己的机体）充满了好奇心，知道自己的性别，常常问问这个，动动那个。按埃里克森的话来说，这个阶段的儿童"一般对形状规格的差异，特别对性别差异都产生一种毫不厌倦的好奇心……现在他们在学习上大胆探索且精力充沛，这就致使他们越出自己有限范围，投入未来无限的前景之中"。

在前两个阶段，儿童已懂得他们是人，现在他们开始探究他们能成为哪一类人。在这个阶段，儿童检验了各种各样的限制，以便找到哪些是属于许可的范围，而哪些又是不被许可的。这一阶段儿童在生理上达到了第一个成熟期，他们开始利用自己的生理能力做许多具有侵犯性的事情，如打人、讲话时冒犯别人。好奇地探索也是一种侵犯性，他们开始有了不少幻想，有了一些目标，并为实现目标而努力。好奇心也向性别差异方向发展，"对异性父母的爱恋情结"发展了起来，但这是不允许的。社会生活的习俗和传统不允许这些东西存在和发展。因此儿童这一阶段面临的是，他们要探索哪些是允许的，哪些是不允许的。他们面临着成为什么样的人的问题。

这时候如果儿童的好奇心和主动性探索活动得到父母的鼓励，而且父母还提供更多机会让他们得以自由地参加各种活动，儿童提出的大量幼稚的问题也及时得到了父母耐心的解答，儿童就会有一种愉悦的感觉，主动性就会得到进一步发展，发展出一种自主的意识，会更加强调自己的意图，会对周围环境进行更为积极的探究，会按自己认为有效的方式行事，使自己的潜在能力得到发挥。而且伴随语言技能的迅速发展，一方面儿童通过言语探询来掌握新知识，另一方面刺激了儿童的沟通意识或主动沟通能力，行为的主动性自然而然地也相应得到发展。

相反，如果父母对儿童的主动性活动采取否定、压制的态度，对孩子的自我创造、想象等进行挖苦、嘲笑甚至辱骂，就会使他们认为自己的游戏是不好的，自己提出的问题是笨拙的，致使儿童产生内疚感、挫败感甚至罪恶感。他们今后将寻求一种规矩的生活，由于缺乏自主性，当他们在考虑种种行为时总会习惯性地自责、内疚，所以他们倾向于生活在别人为他们安排好的狭隘的圈子里，因为这样不会犯错，不会受指责，这样很安全。如果他们的主动活动总是遭到指责，他们会感到似乎自己本身就是被讨厌的，由此感到愧疚，感到自己是多余的，就会唯唯诺诺，止步不前。

所以，如果父母鼓励儿童的独创性行为和想象力，那儿童会以一种健康的独创性意识离开这个阶段；反之，如果父母讥笑儿童的独创性行为和想象力，那儿童就会以缺乏自信心离开这一阶段。

如果儿童在这个阶段获得的自主性胜过内疚，就会形成目的的品德。埃里克森把目的解释为：正视和追求有价值的目标的勇气，尽管这种目的曾被幼年的幻想、被内疚、被对惩罚的失魂落魄的恐惧所阻挡。有目的品质的儿童富于想象力和创新性、主动性和进取心，具有正视和追求有价值目标的勇气，不怕失败和惩罚，因为有这种勇气，所以不会为幼儿期想象的失利、罪恶感和惩罚的恐惧所阻止。

游戏在本阶段占中心地位，执行着自我的主要功能，并在解决内心各种矛盾中体现出自我治疗和自我教育的作用。父母应当鼓励孩子的游戏，为孩子的游戏提供条件并积极地参与到儿童的游戏中，扮演游戏角色，暂时忘掉自己是个大人，多让孩子在游戏中做主。

本阶段儿童的社会关系，已从"儿童—母亲—父亲"的三角关系逐渐扩展到社会伴侣，幼儿阶段的社会重要他人由家庭成员扩展到家庭以外的成员，也包括承担教养的幼儿园教师，幼儿是在与所有亲密成员的交往中，在这些成员对自己的态度中，形成更为精确的自我感觉，形成主动感或内疚感。

埃里克森认为，个人未来在社会中取得的成就与儿童在本阶段所达到的主动性程度有关。在这个阶段，幼儿仍有从他人那里获得安全和帮助的需要，家庭成员、幼儿园教师都有责任在保持幼儿主动性的前提下，对他们进行帮助和指导。

随着儿童在前面三个阶段中所遇到的危机得到积极的解决，就获得了希望、意志和目的三个积极的品德。

儿童这一阶段的矛盾和冲突的解决，对其将来性别特征的形成和对异性的态度及性生活是很重要的。如果这一过程正常，则儿童发展出正确的男女行为特征及合理的男女情感关系；相反，如果这个阶段发展不好的话，其特征可能会过分男性化、女性化，或中性化（性偏离）。

对于男性，常过度表现自己的男性气概和能力，粗鲁、自夸、攻击性强、善竞争、追求成功与对职业权利过度追求等男性性器期的人格特征，且与自恋、虚荣、敏感相结合，或者在性和职业上表现出无能。

对于女性，则表现为天真、爱虚荣、爱出风头、敏感、自傲、自恋倾向，通过刻意表现自己的魅力、卖弄风情、不以性行为为目的的调情等方式以吸引男性。

在 0 ~ 6 岁这三个阶段的发展过程中，大部分人的人格特征已经形成。因此五六岁以前是人格发展最关键的时期。

6 ~ 12 岁：勤奋、学习习惯的建立

这个时期孩子的心理发展有三个特点。

一是孩子的兴趣从自我、我和妈妈、我和爸爸妈妈转向了探索外部世界。他们开始了对社会生活所必需的一些外部活动——学习、运动、艺术等的探索，开始参加学校和团体的活动。这时候，儿童已预见到最后必须脱离家庭，儿童的依赖重心已从家庭转到学校、其他团体等社会机构方面。对他们产生影响的已经不只是父母，开始有了同伴或他人，比如亲戚、朋友，

当然最重要的是学校中的教师。

二是男女儿童的界限已很清楚。与同伴一起娱乐、游戏等，发展与同性的友谊，并有排斥异性的倾向，所以，有学者也称此时期为"同性恋期"。

三是从能力方面看，这个时期他们的快乐主要来自通过努力学习发展社会技能和智力技能。儿童的智力不断得到发展，特别是逻辑思维能力发展迅速，他们提出的问题很广泛，而且有一定的深度。他们的能力也日益发展，参加的活动已经扩展到学校以外的社会。

学校是训练儿童适应社会、掌握今后生活所必需的知识和技能的地方，孩子在学校中将发展出五个方面的功能：一是专心学习成人设定的知识与技能，为将来成为合格的社会生产者做准备；二是学校还是培养孩子将来顺应国家文化的场所；三是培养社交技巧，在大多数文化中，生存要求具备与他人合作的工作能力，所以社交技巧也是在学校要学习的重要课程之一；四是建立重要的规则意识；五是孩子在这个阶段已经意识到进入社会后必须在同伴中占有一席之地，要学会与他人竞争，求得创造和自我发展。

埃里克森说，孩子在这一阶段最重要的任务是"体验以稳定的注意和孜孜不倦的勤奋来完成工作的乐趣"。如何从完成任务中获得乐趣，并强烈追求如何将事情做得完美。这个阶段会获得一种为他将来在社会中满怀信心地同别人一起寻求各种工作和职业做准备的勤奋感。这使他们在今后的独立生活和承担工作任务中充满信心。

如果在这个时期孩子能出色地完成任务并受到鼓励和赞扬，则可发展出勤奋感。正常情况下，当他刚刚迈入小学校门时，几乎都是勤奋的。为了不落后于同伴，他必须勤奋学习。但从三年级开始，孩子的学习成绩导致了对勤奋的不同感觉：如果他的学习得到了同伴、老师和家长的认可，他就认为勤奋对于他来说是有用的，由此养成勤奋的习惯，从勤奋中寻找成功的机会，进而形成自信、自强的个性品质。

相反，如果孩子的学习得不到同伴、家长，特别是老师的认可，无法胜任父母或老师所指定的任务，经常遭受挫折和指责，孩子就会产生自卑感。有些孩子就会对勤奋产生怀疑，认为勤奋对于自己是没有用的，并放弃了对勤奋的追求，最终会出现孤僻内向、自卑的个性弱点。父母对孩子要求过高，有一些不切实际的期望，就会让孩子产生挫败感。

所以孩子的学习习惯主要是在一二年级养成的，像以上论述过的其他品德一样，能力是由于爱的关注与鼓励而形成的。自卑感是由于孩子生活中十分重要的人物对他的嘲笑或漠不关心造成的。这个时期，父母、老师对孩子的鼓励陪伴特别重要。许多人将来对学习和工作的态度和习惯都可追溯到本阶段的勤奋感。也可以说，这个阶段对孩子未来事业的发展奠定了非常重要的基础。

12～18 岁：自我的形成

无论是发展心理学还是精神分析，都把 11～20 岁这段时期定义为青春期。从一个小孩子成长为一个成年人的过渡期，无论是身体还是心理都在经历巨大的动荡。这段时期，孩子本身的身体发育和心理发育就容易出现躁动和冲突。

对于青少年来说，这一阶段是个很危险的阶段，通常叫青春期、红灯期、危险期。儿童精神分析学家安娜·弗洛伊德说："青少年和精神病很相似。"青少年的一切都处于混乱和动荡中，包括心智。在这一阶段，青少年的身体发育很快，男孩子长得很高、女孩子来月经，他们往往感到内心有很多冲突。这段时期是父母和孩子冲突最剧烈的时候。他们从身体、智力和其他的能力来说，处在一个要独立而不独立、要分化而不分化的阶段。如果让他们完全独立，他们肯定活不下去；如果让他们完全依赖，他们内心独立的愿望不被允许。他们处于和父母冲突的状态。如果在前面四个阶段孩子没有被恰当对待，孩子更容易和父母发生冲突，就像 2～3 岁那个阶段一样。

青春期孩子的主要特点有三点。

一是希望脱离父母的控制。要获得最高的自我控制的权利，就是收回自己的最高决策权。"我怎么做由我自己作主",任何人包括父母的意见,都是第二位的,或者只有参考价值的。

二是需要伙伴。同性、异性都需要。随着身体特别是性器官趋于成熟,有了对异性的需要。

三是对父母、对外界的评价很在意。把别人对他的评价和自己的感觉相对比。

这个时期,孩子会对自己未来的婚姻、职业、道德、理念等等形成自己的观点,确立自己的人生目标。这不代表一成不变。

父母对待孩子的不同会让孩子向四个方向发展。

一是屈从于父母。认同早闭。父母让他们做什么就做什么,没有快乐,没有目的,完全按照父母指定的道路去走。这个类型的孩子比较容易被他人蛊惑,他们找恋爱对象时,如果对方对自己特别好,就会很容易沦陷。

二是完全反抗父母。消极性认同。当他们自己决定将来成为什么样的人并且为成为这样的人而努力时,却遇到周围的人或者舆论不允许他们这样做,而给他们施以种种压力和限制,要求他们按照家长或社会的愿望选择未来。这时他们可能将以令人吃惊的力量抵抗社会环境,或者选择做一个反社会的"坏人",或者干脆彻底妥协,完全失去自我。他们也知道不对,但就是为了不受父母的支配故意去做,比如吸烟、喝酒等。他们"宁可成为一个无名小卒，或者成为臭名昭著的大人物，或者成为某个的确已经死了的人——总之，他们是经过自由选择的角色——而不愿意成为一个不太像样的人"。

三是一直处于一种混乱中。认同混乱。一辈子都找不到自己。一会儿觉得自己很棒，一会儿又很自卑。非常在意他人的评价；很容易受外界暗示；时常变换角色，在人际交往中不知所措、无所适从等；工作马虎，看不到努力工作与获得成就之间的关系；对领导与被领导之间的共同点与差异看不清，要么持对立情绪，要么盲目顺从等。

四是成为他自己。认同达成。明确地达成了目标。成长过程中慢慢找到了自己。接纳自己，知道自己的优势和弱点，知道自己未来会去从事自己喜爱和擅长的工作。知道自己要什么，会要什么样的伴侣，未来想有一种什么样的家庭生活。过程中会有调整，但是是基于自我认可和自我了解的基础上，与外界碰撞之后的调节，而不是自我冲突和自我矛盾下的调整。

这个阶段，父母对孩子要尊重、信任、放手，让他自己去思考、整合、调整，不要总是担心，不要再用惯性急着控制。否则孩子就会要么放弃、要么彻底背叛、要么终身处在一种混乱状态中。我们只是关注、看着，在他需要的时候扶一把，在他难受的时候抱抱他、共情他、安慰他。告诉他你一直都在。让他自己去发现自己、找到自己，并最终成为他自己。

智力类型比智商更重要

　　每个孩子都像是大自然的一颗种子，有着自己的发展规律和特点。我们在家里养花，仙人掌不能浇水太多，需要充足的阳光，绿萝则需要水分充足，不需要太多的阳光。孩子也一样，每个孩子有不同的性格特点，有不同的智力类型和思维模式。

　　多元智能理论（也叫多元智力理论），是指美国心理学教授霍华德·加德纳提出的一种关于智力的新理论。他认为，智力是在某种社会或文化环境的价值标准下，个体用以解决自己遇到的真正的难题或生产及创造出有效产品所需要的能力。加德纳的多元智能理论是以多维度的、全面的、发展的眼光来评价学生。根据此定义，某个人如果能够解决个人的问题和生产创造出对社会有价值的产品（这个产品可以是物质的，也可以是精神的），那这个人就具备了智力。

根据加德纳的理论，智力是多方面的，不再仅仅是我们传统意义上认为的智力就是智商测试那套单一、可量化的理论。加德纳总结出了语言智力、数理逻辑智力、音乐智力、空间智力、身体智力、人际交往智力、自我认知智力和自然主义智力这八大智力，后期加德纳增加到了十六个智力方面。

所以人的智力是多方面的，并且有多种表现形式。也就是说几乎每个人都是聪明的，但聪明的范畴与性质却呈现许多个体差异。加德纳最初总结出的八大智能包括：

第一，言语—语言智能，是指对语言的听、说、读、写的能力。

表现为个人能够顺利而高效地利用语言描述事件、表达思想并与人交流的能力。这种智力在记者、编辑、作家、演说家和政治领袖等身上有比较突出的表现。

例如：由记者转变为演说家、作家和政治领袖的丘吉尔、获得诺贝尔文学奖的中国作家莫言、数学考了 15 分但仍旧以极高文学造诣考入清华大学的钱锺书、全球畅销书《哈利·波特》的作者 J. K. 罗琳……

这些人都是非常典型的在言语—语言智能方面有突出智能优势的人。

第二，逻辑—数理智能，是指运算和推理的能力。

表现为对事物间各种关系，如类比、对比、因果和逻辑等关系的敏感，以及通过数理运算和逻辑推理等进行思维的能力。它是一种对于理性逻辑思维较显著的智力体现。具有这种智能的人对数字、物理、几何、化学乃至各种理科高级知识有超常人的表现。

一些数学家、物理科学家往往在这个方面的智力都比较高，在侦探、律师、工程师、科学家等人身上也有比较突出的表现。

第三，音乐—节奏智能，是指感受、辨别、记忆、改变和表达音乐的能力。

具体表现为个人对音乐美感反映出的包含节奏、音准、音色和旋律在内的感知度，以及通过作曲、演奏和歌唱等表达音乐的能力。这种智力在作曲家、指挥家、歌唱家、演奏家、乐器制造者和乐器调音师身上有比较突出的表现，例如音乐天才莫扎特。

第四，视觉—空间智能，是指感受、辨别、记忆、改变物体的空间关系并借此表达思想和情感的能力。

表现为对线条、形状、结构、色彩和空间关系的敏感，以及通过平面图形和立体造型将它们表现出来的能力。同时对宇宙、时空、维度空间及方向等领域的掌握理解度很高，是更高一层智力的体现，是有相当的理性思维基础习惯为依托的前提的。

第五，身体—动觉智能，是所有体育运动员必须具备的一项智力。

身体—动觉智能是运用四肢和躯干的能力。表现为能够较好地控制自己的身体，对事件能够做出恰当的身体反应，以及善于利用身体语言表达自己的思想和情感的能力。这种智力在运动员、舞蹈家、外科医生、赛车手和发明家身上有比较突出的表现。

第六，自知—自省智能，是指认识洞察和反省自身的能力。

表现为能够正确地意识和评价自身的情感、动机、欲望、个性、意志，并在正确的自我意识和自我评价的基础上形成自尊、自律和自制的能力。这种智力在哲学家、思想家、心理学家等人身上有比较突出的表现。

第七，交往—交流智能，是指与人相处和交往的能力。

表现为觉察及体验他人情绪、情感和意图，并据此做出适宜反应的能力。

交往—交流智能也是情商的最好展现，我们会发现具有这一智力的人很容易交到朋友，而且朋友也很多。这种智力在教师、律师、销售员、公关人员、谈话节目主持人、管理者和政治家等人身上有比较突出的表现。

第八，自然观察智能，是指认识世界、适应世界的能力，是一种在自然世界里辨别差异的能力。

表现在对植物区系和动物区系、地质特征和气候，以及对我们自己身处的这个大自然环境的规律认知。

例如达尔文、瓦特，还包括现在被很多中国孩子所熟知的野外生存探险家贝尔，都是这方面智能突出的人。

在这个基础上，阿姆斯特朗研究总结了加德纳多元智能模型的四个特点：一是每个人在某种程度上都拥有所有这些智能；二是如果给予大部分人适当的教育、鼓励和培养，就能开发出一项能够用于全面竞争的占优势的智能；三是智能之间以一种复杂的方式相互作用，以优势智能带动弱势智能；四是每一项智能又包含了多种智能形式。

所以教育孩子是发现孩子的优势和特点，遵循长板理论，以优势智能带动弱势智能，而不是试图去补孩子的短板。

03

发现孩子的优势思维模型

　　全脑模型（HBDI理论）的全称是全脑优势思维模型，是一种被用来分析个人和组织的思维方式的方法，由美国的奈德·赫曼博士于1976年创立。目前HBDI已经在全球超过27个国家和地区、顶尖企业组织30多年，全球超过200万人使用，其主旨是协助个人、组织实现全脑思考，发展和提升潜能，从而达到个人和组织的高绩效，构建高品质的工作和生活。奈德模式认为，人类共有四种不同的思维模式（见图3-1）。

　　第一种思维模式是逻辑型思维模式，就是下图中的A象限。这种类型的代表人物是牛顿、爱因斯坦等。大多数科学家和理论工作者都是这一类人。A象限的思维方式是"理性我"。处于这个象限的人通常喜欢在收集事实资料后再做出决定，喜欢通过理性的逻辑思考引导他人。他们通常都善于理财，还能够很好地解决技术问题。理性型自我常会被缺乏逻辑性的意见、过分强调个人感受及含糊不清的指令搞得很沮丧。A 象限的孩子往往都会很理性，擅长数理逻辑分析，喜欢数学，重理不重情，有时候会认死理，一根筋，似乎对人际交往兴趣不大，这样的孩子给成人的感觉就是"愣头愣脑的"。

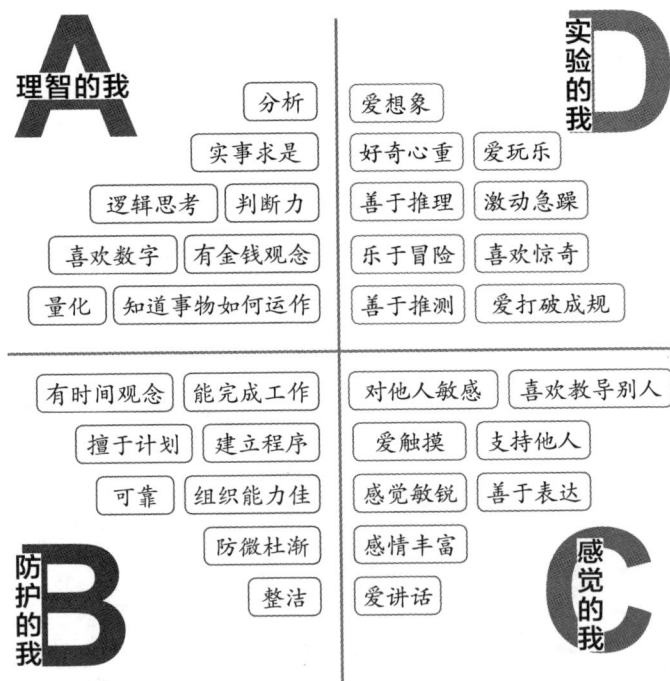

图 3-1 奈德·赫曼的全脑模型

我一个朋友的孩子就是典型的"理性我"思维模式。几个家庭的孩子一起玩，他总是摆弄自己的一套三国玩具，也不和其他人玩，爬山的时候说不爬，就要一个人等着，但是他的数学学得特别好，总是年级第一。

第二种模式是 B 象限，这种类型的人是乖孩子型。这一类人的特点是控制的、保守的、有计划的、组织的和实际上管理的。代表人物是孔子。这类人严谨务实，重细节，执行力强。B 象限的思维方式是"稳妥我"。他们愿意按部就班地生活，并根据实用、程序化的原则做出决定。工作中像这样的"稳妥型自我"通常扮演的都是管理、组织或行政等角色。出去旅游一定要提前做功课，每天做什么、住哪儿、多长时间，规划得好好的。那种即兴出游，对他们来说简直是不可忍受的。即使是娱乐，他们也喜欢选择那些要求事先有计划的活动，如露营、钓鱼、旅游等。但对日程不明确、突如其来的人或事，以及无截止日期之类的情况很无奈。B 象限的孩子给成人的感觉是很乖的孩子，像西游记中的沙僧一样。在家是父母的乖孩子，在学校是老师的乖学生，非常善于遵守父母、老师的指令，也非常善于遵守学校的各项规章制度，同时做事情严谨、稳妥。在只要按照老师要求来就能取得不错成绩的小学阶段，他们往往是成绩优异的学生。

第三类是 C 象限，这一类人的特点是人际间情绪的、音乐的、精神上的和"谈话"模式。C 象限的偏好是"感觉我"。处于这个象限的人都善于表达、敏感而且能够领会他人的需要。

工作上像这样的人大都是教师或者培训师、销售员、作家、音乐家、艺术家、社会工作者，或其他可帮助他人的、需要善于表达的职业。娱乐时，这种"情绪型"的人喜欢阅读、散步或者边听音乐边放松。但缺乏人际沟通、毫无感情色彩的评论或者不愿意眼神交流的人常常会使以感觉为主导的人感受到挫折。代表人物是赫本、戴安娜，大多数表演艺术家都是这一类。C象限的孩子是情感非常丰富的，他们很容易受外界环境影响而情感波动，尤其是女孩，其表现就是特别容易哭。这个象限的孩子不喜欢竞争，他们更在意的是人与人之间的联结和情感，他们和 A 象限的孩子完全相反，表现出来的是"重情不重理"。学习成绩的好坏其实对他们影响不大，他们更在意的是父母、老师对他们的爱和感受，在成长过程中需要的是人文、有爱的环境。

第四种类型是 D 象限，D 象限的偏好代表"探索我"。这一类型的人都是风险的承担者。期望打破常规，喜欢进行设想，能真正享受惊奇。作为探索者能享受成为企业家、艺术家、咨询师或者战略家而带来的自由感。由于他们的职业往往是激情所在，所以很难区分他们的工作与兴趣爱好，他们也很难接受没有激情的工作。这一类型的代表人物是特斯拉汽车的创始人埃隆·马斯克、马云。这一类型的孩子急躁、不踏实、毛毛躁躁、缺乏耐心。但是他们往往又兴趣广泛，有灵气、有悟性，喜欢自己钻研、自己倒腾东西、创造力强。这一类孩子对自由的渴望超过其余三个象限的孩子，给他们一个自由的环境，他们将成为极具创造力的人。

不能给这种孩子立太多规矩，否则的话会在青春期离家出走，或陷入网瘾、早恋中，甚至完全不能上学。他们天资很好，但不能管得太严，否则孩子就会陷入内耗中。这类孩子兴趣多，但是转移也快，父母不要压制孩子的天性，要主动为他们提供兴趣点，要让他们做自己感兴趣的事情。这类孩子不听话，爱钻大人的漏洞，老师说不让做也要做。所以寓教于乐是最好的教育方法，要给他们提供环境，不一定要求学习怎么样，让他们广泛尝试，找不到乐趣的时候，让他们多玩一玩，最终找到自己最感兴趣的点，找到兴趣点后，他们会用兴趣带动自己解决问题。

Be a

第 四 章

心理养育目标：成为自己，发展核心职业竞争力

Better

parent

探索与发现，帮助孩子成为自己

真正的起跑线，发展出适应时代的核心职业竞争力

01

探索与发现，帮助孩子成为自己

教育的第一个目标是：让孩子成为他自己，而不是塑造成我们想要的样子，更不是把孩子教育成实现父母目标的工具。

每个孩子都像是一粒种子，有着天然的生命力，有着自身的特质和发展规律。我们要相信孩子，相信孩子就是相信生命，相信自然的力量，相信孩子自己是具有向上的和积极的内驱力的，孩子不会因为我们不督促、不管教，就会堕落和毁灭自己，孩子成长的过程，就是父母逐步放手的过程。相信孩子，我们才能接纳孩子本来的样子，我们才敢放手让孩子成为他自己。

每个孩子都有自己特定的智力类型和思维模式，每个人的发展既会顺应心理发展普遍的规律，又有着自身的节律，无论是智力类型、思维模式还是发展速度的差异，没有什么好坏优劣之分，只是个体之间的差异。我们不可能让一棵松树变成杨树，也不可能把一棵杨树打造成坚实的家具，所以，父母的任务是观察孩子，发现他的优势和弱点，帮助孩子成为最好的自己，而不是改变孩子、塑造孩子，即使你再努力，孩子都不会变成你想要的样子，他只会成为他自己。或者在你的逼迫和改造下，成为一个不知道自己是谁的自己。通过前面讲的加德纳的多元智能理论，我们可以发现，应试教育体系下决定孩子成绩好坏与否其实就取决于两个智能：逻辑—数理智能和言语—语言智能。应试教育主要就是考核孩子的这两个方面的智能。尤其是逻辑—数理智能，更是关键。数理化教育和考试，究其核心，其实主要就是培养和考核这个智能。而语文和外语考试，主要就是言语—语言智能。如果你的孩子刚好在这两个智能方面具有优势，他在学校教育中就很容易脱颖而出。如果你的孩子刚好在这两个智能方面不具有优势，那他想在数理化和语文、外语学习成绩优异，其实是相对困难的。

所以，在目前的学校教育下，在逻辑—数理智能和言语—语言智能这两个智能方面比较薄弱的孩子，在学校的日子是不好过的。当然一般来说，在学习方面，哪怕再"不是这一块料"，靠努力和正确的方法，基本上都可以达到七八十分左右的水平。但是如果家长给孩子不切实际的要求和压力，让孩子丧失了学习的兴趣和动力，他的成绩只会越来越糟糕。

真正的教育是让每一个孩子将自己的优势充分发挥出来，

也就是我们一直倡导的因材施教。但因材施教在学校教育中是很难做到的，目前的学校资源少、老师少、学生多、教学任务重，老师很难有精力去细致地观察每一个孩子的特点，用不同的方式去对待孩子。所以父母的教育重点并不只是督促孩子学习，协助老师完成学校的教学任务，而是要把重点放在支持和弥补学校教育的不足上去。父母要放下焦虑，认真观察，发现孩子的特点。只有了解了自己孩子的特点，才可能顺应孩子的特点，对孩子做出切合实际的要求，最终帮助孩子找到一条适合自己的发展道路。

　　我的儿子在数理、逻辑方面的智能就比较低，在视觉空间和自知自省两个方面的智能比较高，所以在小学和中学时代成绩一直处在中等甚至偏下一点的水平，当时的我压力也很大，觉得孩子的成绩不尽如人意。记得有一次期中考试结束后，我开了四个小时的家长会，会上，教务主任、班主任、各科老师都对我的儿子的学习成绩做了点评，让我对孩子严格要求，我因此在路上大哭了一场，但是回到家里，我什么都没有说。

　　我了解自己的孩子，他其实很努力，但是成绩始终上不去。我始终强调的是"你是个非常优秀的孩子，独立思考能力强，对任何事情都有自己的见解，审美能力很强，观察细致"，孩子考大学报考专业时，我告诉他"你一定要找到自己热爱和擅长的专业去学"。

他最后选择了学习珠宝设计专业，还选修了心理学的一些课程。他非常热爱自己的专业，在大学学习很努力，对设计有着自己独到的见解，觉得写作业、设计作品就是一种享受，大学毕业设计的作品被美国珠宝学会选为了优秀作品。

02

真正的起跑线，发展出适应时代的核心职业竞争力

　　父母陪伴孩子成长的主要阶段是 0 ～ 18 岁，这个阶段，多数父母都会把养育的目标定为学习好。学习好的标志就是在学校的成绩好，因为成绩好就能考上好大学，考上好大学在社会上就具有竞争力，就可以找到好工作。找工作就是就业，就业岗位的需求是市场的需求，是随着时代的变化而变化的。比如：农耕时代最多的工作岗位是种地，最好的工作岗位是做官；工业时代最多的岗位是技术员，最好的岗位是工程师；互联网时代，岗位更加众多，而且不仅仅是在办公室上班，甚至可以在家里上班，比如开网店、开网约车、做直播都是谋生的手段。所以教育的第二个目标是要顺应时代的变化，我们培养的孩子要在这个时代具有核心竞争力。要让孩子未来能够胜任自己的职业和岗位，大多数职业和岗位从根本上来说，都是适应社会发展和需求的。一个人想要在社会上立足，找到适合自己的岗位，

就要具备当下这个时代的核心竞争力，这才是事业成功的保障。

不同时代对人核心竞争力的要求

我国的发展和世界经济的发展一样，经历了农耕文明、工业时代、互联网时代，正在向人工智能时代迈进。不同的时代，对人的核心竞争力要求是不同的。我们来看看不同时代对人核心竞争力的要求是如何变化的？

农耕文明在我国经历的时间是最长的，有4000多年的历史，农耕时代的生产以家庭为单位，自给自足，一家人种一块地，一个家族就像是一个公司，所以这个家里要有CEO，也就是那个时候的家长制，大家都要听从这个家长的安排，共同去完成种地的任务。这个时期是一种封闭的、停滞的、与他人合作非常少的文明方式，对人的要求是听话、服从，这样大家庭才能有秩序，才能合作耕种更多的土地。这个时期的主要就业岗位就是种地的各个工种，人们最喜欢的职业是做官，因为这样就可以摆脱艰苦的耕作了。所以农业文明的思维方式是听话思维，读经、史、子、集，作八股文章，教育和学习的主流理念就是听话，学八股文章的目标就是考状元，当大官。

人类进入工业时代后，开始从封闭的家庭里走了出来，有了自己的小家庭，对于大家庭的依赖性变少了，对那个家族里的大家长的权威开始发起挑战，这个时代对于合作和沟通的能力要求就提高了。大家庭被打破，人的自由度变大，开始走向小家庭。我国的工业时代开始得晚，到现在也就近 70 年左右，工业时代的思维叫作产业思维。那时候的教育理念就是：学好数理化，走遍天下都不怕。20 世纪七八十年代在国企做一名工程师、技术员是人们追求的职业目标。从农耕时代进入工业时代，什么样的人能够占得先机呢？往往是家族里"不听话"的孩子，从家族中逃离出来，要去上学。我国改革开放初期，也是那些不听家里话，不老老实实在家务农的人，从农村出来率先到大城市打工的一批人，很多人都留在了城市，成为了事业上的成功者。

人类进入互联网时代，对家庭的依赖更小，对公司的依赖性也在减少，个人有一技之长，无论是讲脱口秀还是教人跳舞，无论是教人做饭还是做直播都可以挣到钱，人类的岗位拓展到了家庭中。我记得有一个卖车的小伙子特别懂车，对各种车的性能特别了解，自己就开了一个自媒体频道专门讲车，很多人买车的时候就会听他讲，他的粉丝很多，于是很多卖汽车用品的、卖汽车的商家都请他去帮着带货，这就是靠知识经济在挣钱。我们可以想象，在工业时代，这样的挣钱方式几乎是不可能的。这个小伙子文化水平并不高，他只是很喜欢汽车，但是他的思维灵活，也跟上了时代的潮流。所以说每一个时代交替时，总是那些敢于从原来的封闭思维中先出来的人，会获得成功。

如今，人类将进入人工智能时代，有人说"人工智能时代还远着呢"，真的很远吗？农耕时代我国持续了 4000 多年，工业时代在欧美那些国家持续了 100 多年，在我国仅仅持续了不到 70 年，互联网时代也就 30 年，人类文明的更替越来越快，人工智能时代其实已经来临了。

2016 年的"双 11"，淘宝共有 1.7 亿张商品的展示广告，这些广告没有一张是完全一样的，这些海报全部是淘宝一个叫鲁班的机器人做的，鲁班一天平均制作 4000 万张海报。如果这些广告都是由设计师来制作的话，需要 100 个设计师连续做 300 年才可以做出来。

2018 年耶鲁大学和牛津大学的研究人员通过对从事人工智能的 352 位顶级专家采访，得出来这样一个结论：到 2020 年大部分电话客服会被取代，现在我们可以看到，很多电话客服已经变成机器人了；2024 年翻译会被取代；2026 年机器人会写高中论文，那时候很多的文案可能就不再需要人去写了；2049年畅销书都可以用机器来写；2057 年独立的外科手术机器人可以做了。他们预计，到 2061 年机器人将取代所有职业。

过去我们把劳动岗位分为体力劳动和脑力劳动，现在看来不确切了。劳动应被分为两个类型、四种类别，除了分为体力劳动和脑力劳动外，劳动还分为规则性（或结构性）劳动和非规则性（或非结构性）劳动。机器能够取代的只是人类的规则性劳动，也就是可编程的劳动。但是非规则性体力劳动和非规则性脑力劳动机器取代不了。机器可能会取代绝大多数人类从事的规则性体力劳动和规则性脑力劳动，但是人类会创造出更多的非规则性体力劳动和非规则性脑力劳动。

下面这两张图，是李开复博士在他的《人工智能》一书中所做的人工智能时代存在被替代风险的职业分析图。

第一张是体力劳动的。这张图的左下角是低技能结构化的职业，这是被取代危险性最高的职业，比如：卡车司机、快餐厨师等职业，因为规则性很强，需要的技能程度也不高，非常容易被机器人取代。右上角是高技能非规则化的职业，比如：发型师、理疗师等职业，这些职业属于强社交职业，需要人的创新能力、思考能力和沟通能力，而这些能力是机器无法取代人类的。不规则性的劳动，就不容易被人工智能取代。

存在被替代风险的工作示意图：
体力劳动

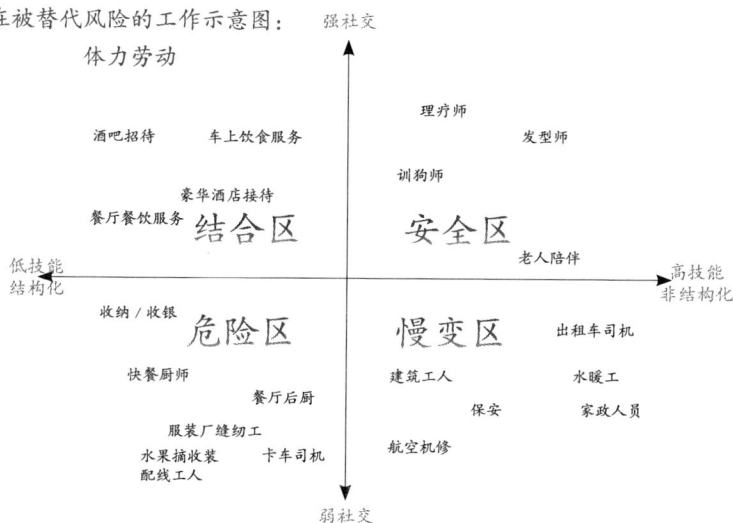

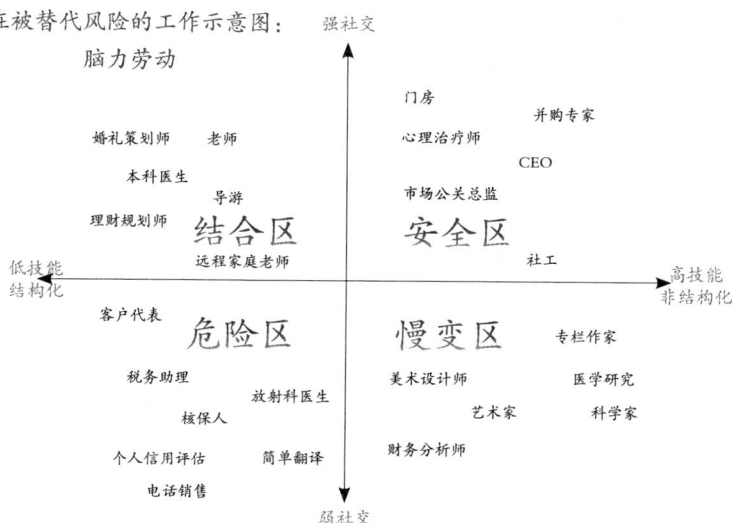

强社交

理疗师
发型师

酒吧招待　车上饮食服务

训狗师

豪华酒店接待

餐厅餐饮服务　结合区　　安全区

老人陪伴

低技能
结构化

高技能
非结构化

收纳／收银

危险区　　慢变区　出租车司机

快餐厨师

餐厅后厨

建筑工人　　　　水暖工

保安　　家政人员

服装厂缝纫工

水果摘收装　卡车司机

航空机修

配线工人

弱社交

存在被替代风险的工作示意图：
脑力劳动

强社交

门房
并购专家

婚礼策划师　老师

心理治疗师

CEO

本科医生

导游

市场公关总监

理财规划师　结合区　　安全区

远程家庭老师

社工

低技能
结构化

高技能
非结构化

客户代表　危险区　　慢变区　专栏作家

税务助理

美术设计师　　医学研究

放射科医生

核保人

艺术家　　科学家

个人信用评估　简单翻译

财务分析师

电话销售

弱社交

第二张图是脑力劳动的。左下角的区域是低技能结构性的职业，比如：放射科医生、个人信用评估等职业，这样的岗位就比较危险，发展前景不好，容易被机器人取代。右上角的心理治疗师等职业就业前景就会比较好，这样的职业没有什么计算规则，需要人和人之间的情感交流，需要人的创新和独特的思考，并不是大数据分析技术能够分析出来的，这样的职业就是安全的，不会被机器所取代。

人工智能时代，人和机器最大的区别就是爱、创新、思考、互动、沟通、情感这六个方面的能力，这些能力就是人工智能时代人最大的核心竞争力。

人类核心竞争力的发展趋势

从农耕时代、工业时代、互联网时代到人工智能时代，人的核心竞争力发展趋势越来越符合人的本性，符合自由的生命力和个体的差异，让人越来越符合自己的本性去从事自己的职业。

农耕时代，农民像牛一样犁地劳作；工业化时代有了收割机，表面上看是收割机抢走了耕地农民的工作，但其实是生产力的发展，让我们摆脱了艰苦的劳作，把人类从最低级、最艰苦的劳动层面解放了出来。

未来的时代，机器会把人更多的规则性劳动抢走。比如从事体力劳动的长途卡车司机、流水线的工人，从事脑力劳动的全科医生、客户代表等，工作都是非常辛苦的。所有的规则性劳动，无论是体力劳动还是脑力劳动，都是从属性的、操作性的、执行性的劳动，是能被机器、被异己力量控制的劳动，马克思把它称为异化劳动。这种劳动被机器抢走了，人类应该感到高兴，这是新的生产力带给人类的进步，它让人类摆脱了奴隶般的职场劳动。这个时候人就成为真正的人了，人就可以从事人真正应该从事的劳动。

因此，人类核心竞争力是从四个方面在变化。

一是从听话思维向独立思考、创新、批判性思维方式的转变；二是知识能力的结构要从单一到多样，而不是只会某一种较复杂的技术；三是从封闭到沟通和合作的转变；四是从工具化向人的回归。

教育目标和教育理念的发展趋势

核心竞争力的变化，必然带来教育理念和教育目标的变化。教育也要顺应人类社会发展的趋势。

从农耕时代到工业时代，从工业时代到互联网时代，那些对变化敏感、对时代发展的脉搏把握准确的人，也会率先从教育理念上更新，民国时期那些有识之士不再让孩子读私塾、读八股文章，而去读新学，去国外留学，教育的目标不再是参加科考做大官，而是学习先进的科学技术，做实业、做工程师、科学家。

我们现在几岁、十几岁的孩子，都会在 2030 年以后就业，教育该如何适应改革，才能让我们的孩子在未来具有竞争力？国家教育咨询委员会出了个题目：2030 年的教育应该是什么样的？俞敏洪、任正非等人都被邀请作答。大家当时说：要想回答 2030 年的教育问题，就要回答 2030 年的经济问题。要想回答 2030 年的经济问题，就要回答 2030 年的科学和技术问题。

2030 年的科技是什么？没有人知道。我们现在几乎所有的生产，都将要构建在数字移动互联平台上，人工智能、物联网、区块链等都要建在上面。但是仅仅在 10 年前我们根本不知道今天的主流技术平台是数字移动互联。因为 10 年前它还没有出现。所以现在培养的要在 2030 年就业的孩子，我们知道要教他什么吗？他将从事今天根本没有出现的工作，他要掌握今天根本不知道的技术，他还要解决今天不可能遇到的问题。在学校学习一些人类积累的基础知识和人类必备的核心技能之外，我们要集中精力帮助孩子们提高认知能力，掌握适应未来的思维方法。中国就业培训技术指导中心主任、北京大学中国职业研究所所长、一辈子都在研究教育和就业的陈宇教授说：

在未来时代，认识世界的能力、探索世界的方法，才是人和人之间的最大差别。

我们现在最重要的就是要教给孩子新的认知能力和新的思维方式。这种思维方式就是"数码思维方式"，最核心的内容有：一是充分的、无拘无束、无边无界的好奇心、想象力和独立思考能力。这是每一个孩子与生俱来的能力。二是置疑、批判、审视、挑战、怀疑一切的理性思辨能力。人类为什么强大？就是因为有理性思辨能力，能认识、掌握自然规律。但是人类认识的这些规律是不是真的就是自然和宇宙的本来面目？人类只能通过逻辑推理，以及通过理论和实践的对照逐步认识世界，但是在这个过程中，人们会发现我们的认识不断被证伪。真理只能证伪，不能证实。为此每一个孩子都应该有置疑、批判、审视、挑战的精神，才能不断推动科学、生产力和人类社会的进步。三是用数据 0 和 1，并且用从 0 到 1 的创新创造方法来构建新事物、创造新规则、拓展新形式。人和计算机的最大不同就是人有可能无中生有，从 0 创造出 1，这就是人最强大的地方。许多家长都知道，两三岁的小宝宝都会无师自通地打开手机，寻找自己感兴趣的东西。大家一定要相信，未来的孩子比我们强。现在"10 后"的小朋友，他们就是数码时代的"原住民"，我们一定要相信他们天生就会融入数码和算法世界中去。

人的核心竞争力不仅只是知识的积累，更重要的是爱、创新、思考、互动、沟通、情感，这些能力甚至超过了一个人的学识。这些能力培养的关键在哪里？在家庭教育中，在父母和孩子的互动方式中。如果父母的教育理念就是"你要听话"，不听话轻则说教、重则打骂，我们的孩子还敢质疑吗？他从小的思维方式就是不敢质疑，要听话，他未来到工作中，面对这个社会的很多东西时，敢质疑吗？他只敢做现成的事。"听话教育"本身就是把人培养成一个工具、一个机器的教育。

有些家长说，"我现在挺注重素质教育的，我们会让孩子学画画、弹琴、跳舞、唱歌、书法、机器人，带孩子去旅游，让孩子阅读"，可是我们在让孩子学习这些的过程中，目标并不是通过这些学习，培养孩子的情感能力、沟通能力，而是更注重这些学习的功利性和外显性，比如：考级、高考加分、参加艺考等。

这些理念都已经是农业时代和工业时代的教育思维了，这个时代只注重孩子的学习成绩和知识积累，甚至用孩子的心理健康、软性能力的丧失来换取短暂的好成绩，是最得不偿失的，会真的让孩子输在起跑线上。

想让孩子在未来拥有真正的核心竞争力，父母的教育理念和教育目标要先更新，这才是让孩子拥有当今和未来时代核心能力的真正的起跑线。

第 五 章

Be a

Better

parent

心理养育方法三步曲：
建关系，给营养，排垃圾

亲子关系，心理养育的"脐带"

充分满足心理需求，强壮"心理体质"

及时排泄"心理垃圾"，减少创伤与疾病

01

亲子关系，心理养育的"脐带"

健康的亲子关系是一切关系的基础

亲子关系首先是一种人和人之间的关系，人和人之间的关系是否健康，最基本的一点是在一起彼此要感觉舒服，舒服才会想在一起，如果在一起不舒服，就会想改变，或者离开。不是当下离开，也会最终离开，没有人能在一段不舒服的关系中长期忍受。健康的关系是在自己能力范围内尽可能帮助和支持别人、不试图改变别人。总是试图改变别人，是一种边界不清的表现，也是一种隐形的攻击，"我觉得你不够好，所以，我要改变你。我要让你按照我的标准来"。健康的关系是要维护好自己的边界。健康的关系并不是过度使用自己，有些人完全不考虑自己的感受，为了别人，一味地付出，表面看起来这个人很好，但其实这也是一种隐形控制，"我想让你说我好，让你觉得我是个好人"。这样的人会让他人产生很大的压力，和这样的人相处会让他人产生一种道德上的沉重感，彼此都很累。

亲子关系又是一种特殊的关系。孩子刚出生时，完全没有生活自理能力，父母（或象征性父母）是孩子唯一的关系，是孩子能够活着的保障，在这个阶段孩子对父母是全然的依恋，这个时期的关系中，父母就像是孩子的"全能神"，父母和孩子是不能分开的。随着孩子逐渐长大，孩子的活动空间越来越大，自理能力逐步增强，对父母的依赖性逐渐减少，孩子和父母在一起的时间也在逐步减少，自己的社交圈子逐步扩大，此时，父母要从孩子的"全能神"变成"照顾管理者"。到了青春期，孩子开始向成人过渡，身体接近成年人，智力发展迅速，心理上也渴望独立，此时，父母要从"照顾管理者"变成"守护者"，默默关心着、关注着，孩子需要支持时，及时帮助；不需要时，躲在一边，跟在身后。从"全能神"到"照顾管理者"到"守护者"，父母的主动性要越来越小，从开始全然、及时地回应照顾，到需要时出手照顾管理，一直到青春期的不求不助。

所以，健康的亲子关系是一种变化的关系，是从特殊关系向普通人际关系过渡的过程，随着孩子的成长，父母和孩子之间的关系浓度要越来越低。

父母和孩子的关系是天然就有的，孩子对父母有着天然的依恋和亲密，即使在青春期和成年后，孩子也只是减少了对父母的依赖，但不会切断和父母的情感连接。如果父母不能随着孩子的成长调整自己的角色，调整和孩子的界限和距离，照顾管理孩子的主动性不减，孩子自主发展的空间受到限制，或者父母使用不恰当的方式对待孩子，让孩子受到伤害，孩子就会启用心理防御机制，减少和父母的连接，甚至完全切断和父母之间的关系通道。这种情况下，父母既不能成为孩子的"负面情绪容器"，也无法给孩子补充"心理需求"，也就无法完成对孩子心理的养育。

亲子关系是父母为孩子提供"心理需求"、帮助孩子排泄"心理垃圾"的"心理脐带"。

家庭是孩子心理成长的"子宫"，父母是为孩子提供"心理需求"的主要来源，是帮助孩子排泄"心理垃圾"的主要渠道，孩子未成年以前，父母是最重要、最有力的心理养育客体，如果亲子关系不好，父母就无法养育孩子的心理，孩子的心理发育必然会受损。

有些父母因为工作忙，孩子让老人带，完全不管孩子，有些青春期孩子出现问题的家庭，自己和孩子的亲子关系不好，就把孩子送到"特殊学校"去，或者给孩子请心理咨询师，认为这样就可以把孩子管好了，这真的是一个误区。家庭是孩子的土壤，父母是养育孩子的主客体，他人只是副客体，在孩子未成年阶段只能起到辅助作用，无论什么情况下，家庭和父母的作用也绝对不可替代。

健康的亲子关系是孩子未来一切关系的基础。父母与孩子的关系模式，就是孩子在学校、在职场、在自己家庭中和他人的人际关系模式，将直接影响到孩子对学校、对社会的适应能力。

孩子能否适应幼儿园、学校的生活，很大程度上取决于孩子和同学、老师的关系是否融洽。很多在学校里和同学、老师关系不和谐、冲突特别大，甚至遭受校园欺凌，或者成为校园欺凌者的孩子，都是和父母的关系不健康所致，这也成了很多青春期孩子厌学、休学的重要原因。

一个人在社会上和同事、合作伙伴的关系是否融洽，亲子关系是基础。这些关系会直接影响到孩子成人后的职业发展和事业发展。

一个人在婚姻关系中，是否能与伴侣和谐相处，有一个幸福的家庭，亲子关系也是基础。

一个人和他的子女是否能有一个健康的亲子关系，自己和父母的亲子关系就是基础。

和孩子建立健康亲子关系的关键就是"贴着"孩子走，按孩子所需而不是按父母所想、按父母的期待教育孩子。

放手，给孩子成长的权利

孩子成长的过程，就是越来越有力量，越来越能够照顾自己，直至完全独立的过程，而养育孩子的过程就是父母逐步放手、把孩子的权利慢慢还给孩子的过程。

孩子想自己拿勺子吃饭，不让妈妈喂，想自己走路，伸着小手、拧着小身体要下地，这就是孩子要把自己吃饭、走路的权利要回来，如果妈妈嫌孩子吃得到处都是，走路走不稳，一定要喂孩子，一定要抱着孩子走，既会妨碍孩子的发展，影响孩子学吃饭学走路，还会引起孩子的不满，母子之间就会爆发冲突，长期这样的模式下来，就会影响亲子关系。

青春期的孩子，想要理自己喜欢的发型，想买自己喜欢的衣服，想交自己的朋友，不想吃妈妈做的饭，想叫外卖，周末想熬夜玩手机，想用自己的方式写作业学习，这就是孩子要把自己的形象管理权、社交权、生活自主权、学习自主权拿回来，如果妈妈一定要让孩子按自己的要求吃饭、学习，必须按自己的审美买衣服，必然会遭到孩子的反抗，孩子会以各种方式和妈妈斗争，亲子关系必然会受到影响。

放手是在确保孩子安全的情况下，要在《未成年人保护法》的法律范围内，把孩子的权利还给孩子。父母要放下担心、控制和焦虑，静下心来观察孩子，发现孩子的需求，只要孩子有能力，就要把孩子自己的事情交给孩子去做选择和决定，放手从本质上说就是让孩子有选择的权利，有选择的权利才有独立和自由，有选择权的人才有自我负责的能力和意识，独立和自由的本质就是"我有选择的权利，我为我的选择去努力，我为选择的结果负责"。

界限，给孩子发展的空间

　　人与人之间都应该有一个界限，以此划分出哪些是我们应该做的，哪些是别人应该做的，哪些事由我们负责，哪些事由别人负责。良好的人际关系都是建立在清晰的界限基础上的。每个人都要有自己的界限（空间、地盘），每个人都要尊重别人的界限。界限意识有地理界限、身体界限、心理界限，每个人都会本能地保护自己的界限，陌生人进入我们的家时，必须经过我们的同意，这是地理的界限。一个陌生人离我们太近时，我们会本能地躲闪，这是身体的界限。别人硬要我们听他的话、做我们不想做的事时，我们会拒绝，这是心理的界限。地理和身体的界限好表达，心理的界限往往不好表达，甚至不会表达，当心理界限无法表达时，人们就会用地理界限和身体界限来表达。比如：孩子不让妈妈抱，不允许父母碰自己，不让父母进入自己的房间，就是用地理界限来维护自己的心理界限，孩子用嗓子发炎、过敏、肚子疼等症状拒绝父母的安排，是在用身体维护自己的心理界限。

父母和孩子该如何划清界限呢？

第一，给孩子空间和自由。主要包括两个方面：一是不包办生活和学习，在孩子力所能及的范围内，尽可能让孩子生活自理、学习自主。生活自理方面包括几点起床和睡觉、理发及洗澡的频率、交友、穿什么衣服、吃什么饭、如何吃、房间的布置和卫生等。学习自主方面包括孩子先写哪科作业、报什么辅导班、收拾书包等。二是不控制精神，要让孩子有选择的自由、试错的自由、痛苦的自由、快乐的自由。很多父母的口头禅就是，"我吃的盐比你吃的饭都多，你要听我的话，就不会出错"，孩子只要一犯错就批评指责孩子没有听自己的话。

我的一个女性朋友工作能力非常强，在世界知名的会计师事务所工作，但是非常不自信，总是小心谨慎，担心领导对自己不满意，领导的一个眼神都让她胆战心惊，后来得了抑郁症，只能离开了公司。她的母亲就是包办她的生活，上大学了，甚至连她穿什么裤子，留什么发型还要管。

第二，不要让孩子介入夫妻关系中来，不要让孩子承担本应由父母承担的责任，更不能让孩子成为父母情绪的拯救者。

夫妻关系才是家庭的定海神针，稳定的夫妻关系可以给孩子安全感，而安全感是孩子心理健康成长的基础。有的妈妈在有了孩子后，完全疏忽了和丈夫的关系，所有精力都用来照顾管理孩子，导致了夫妻关系的疏离。还有的父母，特别是妻子，在和丈夫出现问题时，特别喜欢把孩子拉进来，让孩子站队，甚至逼着孩子拯救自己和丈夫的关系。有的父母让孩子承担起照顾兄弟姐妹的责任，让大的让着小的，女儿让着儿子。有的父母在自己焦虑、压力大的时候，就开始诉说自己的不容易，让孩子争气，让孩子为自己负责。

在这样的关系中，孩子和父母的关系完全错位，成了一种反哺的关系，孩子成了父母的父母，成了父母情绪的照顾者，要看父母的脸色行事，"父母的感受比我的感受重要""我要让父母以我为骄傲""我必须优秀"，这样的孩子虽然懂事，但总是压抑自己。

我有一个来访者，是个读高一的女孩子，成绩优秀，舞也跳得非常好。妈妈把所有的精力都用来管她，事无巨细，她说，爸爸妈妈总是吵架，爸爸一吵架就离家出走，这时候妈妈就变得很疯狂，妈妈把想和爸爸说的话写到纸上，逼着她给爸爸打电话，把纸上的字念给爸爸听，她不念，就打她，她在这样的家庭里痛苦不堪。她说："老师，我特别理解那些自杀的孩子，他们不是不想坚持，不是脆弱，他们是实在坚持不下去了，我真的不知道自己能不能坚持到高中毕业了，我实在是太窒息、太痛苦了。"

第三，父母要建立自己的边界。近些年，爱与自由的理念很盛行，但爱与自由绝不是只给孩子爱和自由，不尊重自己的边界。父母要尊重孩子的边界，最大限度地给孩子自由，但也要树立自己的边界，尊重自己的空间，尊重自己的感受，放手并不等于事事都顺着孩子，放手也不等于要讨好孩子，当父母自己有困难时，自己的财力精力达不到时，我们完全可以拒绝孩子，完全不需要压抑自己的需求来满足孩子的需求，否则孩子可能会成为一个得寸进尺、蛮不讲理、索求无度的"小皇帝""小霸王"。

突破限制性信念，让孩子成为自己

人的自我由本我和超我组成，本我就是本能，由各种最原始的欲望组成，如性欲、攻击欲，本我遵循的原则是享乐原则，如果一个人只有本我，就会不顾一切地寻求各种欲望的满足，本我是情绪化的。超我相当于人格的管理者，是社会道德、社会规范，超我是理性化的。

本我和超我平衡，人就是舒展的；本我大于超我，人就会触犯社会道德和社会规范，就容易被人群排斥，严重的甚至可能会触犯法律；超我大于本我，人就会活得压抑。父母不尊重自己的感受，不考虑自己的实际，一味牺牲自己，过度满足孩子的需求，往往就会培养出一个本我大于超我的人。父母不尊重孩子的感受，过分压抑孩子的本能，就会培养出一个超我严重的人。

超我严重的人，有许多的条条框框，有许多的限制性信念。比如，孩子一直哭就是不对的、吃完饭不马上洗碗收拾是不对的、孩子不按老师要求写作业是不对的、孩子和小朋友打架是不对的、上学的时候喜欢男（女）孩子是不对的、对老师有意见是不对的、吃外卖是不健康的、和大人顶嘴是不对的。父母被这些限制性信念约束着，很多本能的需求被压制，想要而不敢，会产生严重的内耗，活得很累。超我严重的人容易得抑郁症，抑郁症的特点就是向外的攻击力转向自身，本来是 2 分的惩罚，有可能对自己实施 10 分的惩罚。超我严重的人，由于本能的欲望和需求被压抑得过多，会通过不恰当的方式释放，有些人心理会变得扭曲。比如：伪君子、成瘾症、强迫症、洁癖等，特别严重的会成为变态狂。

超我严重的父母，总是用自己的限制性信念去要求孩子，孩子的本能被压抑过多，就会和父母对抗，这不但会严重破坏亲子关系，而且会阻碍孩子的发展。

所以，父母在和孩子相处过程中，一是保持觉察，不断松动自己的信念，多问几个为什么。"我的信念一定是对的吗？""如果我不坚持自己的信念，会有什么后果？"二是自己可以坚持自己的信念，但是不要用这些信念去要求孩子。

　　洗脑是只给一种声音，且不容置疑，真正的教育是给你多种信息，帮你分析，教你辨别，然后由你选择并无条件陪你承担由这个选择带来的一切后果。价值观不是用来统一的，而是用来探讨的，在不违法、不损害他人利益的情况下，没有三观不正，只有三观不同。

有效沟通，让孩子学会社交 [1]

　　父母教育孩子、陪伴孩子成长的方式，主要是用语言的形式，能够和孩子进行有效沟通是父母上岗的一项重要技能。

亲子沟通的误区

　　从孩子牙牙学语开始，甚至是从孩子降生的那一刻起，父母和孩子的沟通就开始了，从一开始的眼神、动作，到孩子学会说话以后的语言，我们每天都在和孩子沟通。大多数父母在孩子的成长过程中都会和孩子产生各种各样的冲突。我们来看看一段妈妈和孩子典型的对话方式：

　　　"淘淘，已经7点了，放下手机，赶紧去写作业！"
　　　"妈妈等一下，我玩完这一局。"

---

[1] 本小节内容参考张卓著的《父母能效训练中国实践篇》和 [美] 托马斯·戈登著的《父母效能训练》两本书的部分内容和案例。

过十分钟，孩子还是没有动，"快点，马上去写作业！"

　　　　　　　　　　　　——命令、指挥、控制

"再不写作业你就永远别想碰手机！"

　　　　　　　　　　　　——威胁

"天天这么磨蹭，不上进，看看你考的这点儿分数，我都替你臊得慌，你还有脸见人啊？"

　　　　　　　　　　　　——指责、讽刺、挖苦

"你都这么大了，一点儿事都不懂，我天天这么陪着你，为你操心，你对得起我吗？"

　　　　　　　　　　　　——苦口婆心、讲道理

　　这样的对话最终以母子大吵一架、不欢而散结束。

　　我们来看看，这段对话存在什么样的问题。

　　命令、指挥、控制、威胁。这样的对话，让孩子感受到的是："我"自己的感受是不被父母在乎的，或者是"我"的需求并不重要，这种感觉会让孩子害怕父母，制造了对父母权力的恐惧。孩子感受到的是人可以被比自己强壮、厉害的人伤害。而这些感受会让孩子觉得屈辱，进而产生怨恨和愤怒的情绪，往往导致他们产生敌对情绪、发脾气、反击、抵抗。

　　指责。"天天这么磨蹭""不上进"，给孩子贴标签，表达了对孩子的不接受、不认可。孩子感觉自己缺乏能力、自卑、愚蠢、没有价值。孩子的自我观念和价值感就是由重要他人建立的，主要是父母和老师，父母对孩子的评价就像是催眠，并写入孩子的潜意识中，让孩子给自己打上磨蹭、不上进的标签。如果父母长期这样，这个标签就会内化成孩子的一部分，他终身都会带着这个标签生活，也会活成父母给他定义的样子。

父母对孩子的负面评价会引发反评价，"你自己还不是不上进，连个网上购物都不会"。负面评价还会让孩子对父母关上心门，什么都不和父母说，"我才不和他们说呢，说了还不是让他们修理一顿"。

对孩子指责、评价会让孩子摆出防御姿态，一下子就站到父母对立面去了，会对父母产生怨恨和愤怒，即使父母说得对也不听。指责和评价还会让孩子觉得父母不爱他们。

讽刺、挖苦。这样的沟通会给孩子的自我形象造成巨大的破坏性的影响，会使孩子感受到屈辱，此时孩子会对父母产生强烈的敌意，他们把精力集中在如何对抗父母上，根本不会再关注自己的做法是不是对，更不可能再按照父母的要求去做。

讲道理。这样的沟通一是会让孩子感觉妈妈在用外界的权威压白己；二是会感觉你否认了他的判断和感觉，你不相信他作业多、作业难的判断；三是会让孩子感觉很内疚；四是被人居高临下的批评教育，会让孩子感觉自己是卑微的，自己是从属地位的，自己是错误的，自己没有能力，自己很无知。孩子听到这些话以后可能不吭声，也可能会和你争辩几句。但无论孩子说不说出来，他心里会更加烦躁，会产生抵触、沮丧等不好的情绪。心里对父母生出怨恨，会摆出防御姿态，"就你聪明，就你懂""其实你说得这些大道理我全知道，用不着你来说"。

这些沟通方式最终导致父母和孩子的沟通产生很多问题。

一种是无论家长说什么，孩子一声不吭，看起来很听话，但就是磨蹭着不肯做，有自己的主意。

一种是干脆不理父母，回到家就把门一关，说什么都不理。

一种是一说就"炸"，什么都和父母逆着来，摔东西、摔门甚至和父母大吵大闹，有的青春期孩子甚至和父母大打出手。

还有一类父母，通过学习知道了孩子出现的问题是自己的原因，于是开始反思。从什么都管，变得什么都不敢管，小心翼翼，一味地迁就孩子，可是自己的心里又很憋屈。这样的方式最终还是会爆发亲子冲突，因为父母也是人，长期的憋屈会造成更加剧烈的爆发。

造成这些问题的原因是什么呢？我们为什么总是会和孩子陷入这种沟通僵局中呢？根本的原因是我们在和孩子的相处中

有三个误区。

一是我们不信赖孩子。

总觉得如果我们不管孩子了，他长大后就没有前途了，好像大人不管教，孩子就成不了才。于是每天早上喊孩子起床，晚上督促写作业，就成了父母的职责。按照人本主义心理大师罗杰斯的理论：每个人内在都有一种寻求自我实现的潜能，如果提供适当的环境，种子就会自动地朝着积极的方向发展。他也会在自己试错的过程中，找到自己和外界相处的边界和模式。我们天天去管理，长期下来的结果就是孩子把这部分管理自己的功能"外包"给了父母，"我不需要管理自己，因为有人管理我"。孩子的这部分潜能就被弱化了，就好像天生自带的小马达总是不去让他转，马达就生锈不转了一样，很多孩子的学习动力就是因此丧失的。

二是我们把孩子看成了一个没有情感和感受的机器，我们不由自主地、无意识地会陷入一种情境中。

"我一发布命令，机器人就启动，完全按指令去做。机器人不做我就生气，为什么不听命令"。有一个妈妈说："我一看见孩子拿着手机不写作业，催几遍都不听，我的火就上来了，劈头盖脸地就又骂又打。现在想起来，孩子抱着头缩在角落里的样子，那么恐惧、无助，都不知道我怎么会那么狠心。"

三是我们把自己也当成了神。

我们很少在孩子面前呈现出真实的自己，我们要高高在上，完美无缺，不考虑自己的需求和感受，为孩子做出牺牲奉献一切，我们不能发脾气、不能有情绪。一个孩子已经 15 岁了，天天沉迷游戏，不好好吃饭，妈妈一次次把饭端到孩子的房间，可是他根本不领情，没有任何改变。这样的结果，让我们觉得自己很委屈，当孩子没有按照我们的期望改变时，我们就会产生很多的抱怨、失望，坚持一段时间后，就会变本加厉地把自己的失落、不满意的情绪发泄在孩子身上。

亲子沟通的三个原则

第一，澄清问题，各归各位。当一个问题产生时，我们要想一想：这个问题究竟是谁的问题？判断的标准就是：这个问题给谁带来了困扰？谁会去面对它？我们先来看看下面这两段对话。

第一段对话：

上初中的儿子在学校喜欢一个女孩，苦苦追求后，结果被女孩拒绝了。他回到家很沮丧，跟妈妈诉说。

妈妈通常会怎么说？"追不上就追不上嘛。本来你这个年龄就不该谈恋爱，正好集中精力学习，再说那个女孩学习也不好。"

孩子被一个自己喜欢的女孩拒绝了。这件事给孩子带来了困扰，他觉得没面子，觉得很沮丧。所以很明显，这个问题是孩子的问题。诸如此类的问题还有：

孩子觉得数学作业太多、太难。

孩子不喜欢自己的语文老师。

孩子因为体重超重而不高兴。

孩子早晨起床晚了，要迟到，最后，孩子不想去上学。

这些问题是孩子在他们自己的生活中所要面对和处理的，是孩子被这些问题困扰着，所以这些问题是孩子的问题。

第二段对话：

女儿周末出去和同学看电影、吃晚饭，说好了晚上九点以前回家，结果九点半还没有回来。妈妈特别着急，打电话催问："都几点了？不是说好九点回来吗？怎么还不回来？"

孩子很不耐烦地说："行了，马上就回去了。天天就知道催催催。"

"你说话不算话，我还不能说你了。"

我们来看看，这个问题属于谁的问题？谁在被困扰？是妈妈。谁面对这个问题？妈妈面对。孩子高高兴兴又玩又吃饭，正开心着呢，她不烦。所以这个问题的归属权属于父母。诸如此类的问题还有：

我们要去上班，假期顺路送孩子去姥姥家，孩子却磨磨蹭蹭。

周末在家加班写东西，孩子在家里听音乐，把声音开得太大。

孩子不喜欢自己的学校，想转学，让我们给找一个别的学校。

因为孩子的问题给我们带来了困扰，或者孩子的行为让我们的需求无法满足，这样的问题就需要父母来负责解决。这些问题的归属权属于父母。

澄清问题的归属权，可以让父母和孩子都变得轻松，家庭关系变得简单起来。

各负其责，就像一个单位一样，如果职责不清，管理就会混乱。拥有问题的人，就拥有解决问题的权利。也就是说拥有问题的人，就有权决定如何面对和解决自己的困扰，未经本人同意，其他人不应该来插手，或者对其进行指手画脚。如果谁都想插手别人的问题，自己的问题也想依赖别人解决，这样的关系必然是纠缠不清的。家庭里也是一样，父母和孩子之间、夫妻之间，也需要有界限，也需要澄清这个问题是谁的问题，是谁要面对的问题，谁要负责的问题。角色分清后，位置和处理方法就不同了。

如果是孩子的问题，父母就站在了帮助者的位置上。自己不用为这个问题负责，就会轻松很多。孩子有问题，并不意味着，我们可以指责或惩罚孩子。恰恰相反，我们要在可能的情况下给予帮助。孩子面临的惩罚和后果是来自问题本身，而不是来自父母。所以父母的角色转变有利于促进问题的解决。当父母从局中人变为局外人的角色时，就能更加客观、中立地去看待孩子的问题，也能更好地去"协助"孩子找到问题解决的方法。所谓旁观者清。

如果是自己的问题，自己来处理。一些问题可以自己克服和解决。一些问题则需要和孩子协商。协商的过程，也是和孩子共同处理问题的过程，这样的过程本身也是孩子社会化功能的一部分。当父母和孩子能够就一个困扰双方的问题寻求到共同的解决方案时，孩子也就学会了未来生活中和他人合作共同处理问题的方式。

如果父母总想为解决问题承担责任，然后在自己无法解决问题时责怪自己，就会活得很累。

对孩子来说，不用总是应对父母的指手画脚，只需要面对自己的问题，也会轻松很多。

第二，把孩子当成一个独立的人。孩子不是我们的附属品，他可以有自己的想法，他的想法未必和你一致。孩子也不是机器，他需要休息。我们不能从早到晚什么事都给孩子安排好，而且孩子要不折不扣地去做，他做不到。时间长了，孩子会倦怠会疲惫。

信任孩子，我们要相信所有的孩子都会碰到各种各样的问题，每个孩子都有自己解决问题的潜能。如果父母想给孩子解决一切问题，孩子自己解决问题的能力就得不到发展，更会形成依赖心理。如果我们开始放手，孩子就学会了为自己负责。

第三，做真实而真诚的父母。首先，面对孩子的问题，我们不可能什么都帮得上忙，帮不上也没有关系，我们不是无所不能的神。有的父母为了孩子出国留学，把自己的房子卖了，无休止地满足孩子。孩子迟早会面对他自己的人生，我们总会有满足不了他的时候。所谓的挫折教育不是人为的给孩子制造挫折，而是我们可以拒绝孩子。

其次，我们可以有情绪，可以冲孩子发火，甚至可以在某些时候不喜欢、不接纳自己的孩子。只是我们要真诚，不要因自己情绪不好，把孩子指责一顿，可以告诉孩子"今天我的情绪不好"，别端着，别强词夺理，别觉得"天下无不是的父母"。

再次，父母对待一件事的观点可以是不同的，这本身没什么关系。我们没必要时刻在孩子面前保持一样的观点。这样其中必然有一方会压抑自己的想法和情绪。而情绪是流动的，孩子和对方必然也感受得到。孩子感受到的也不是真诚的父母。孩子面对父母意见不一致的时候，也许正是家庭可以协商的机会。而孩子未来在社会中也会遭遇到领导不同的意见，或者合作者多方的不同意见，这本身也是未来要学习的一部分。

最后，如果父母的困扰不是由孩子的行为造成的（比如夫妻之间的矛盾引发的冲突，即使话题跟孩子相关，但那矛盾属于父母，不关孩子的事），父母不应该向孩子"求助"或诉说，尤其是年幼的孩子。他们没有能力为帮助父母解决与他们的行为无关的困扰，把他们作为倾诉对象，或"情绪垃圾桶"，只会伤害他们的心理健康。

亲子沟通的两种有效方法

了解了亲子沟通的原则之后，我们如何做到呢？首先要做到的两件事就是梳理和觉察。

梳理：我们可以把自己平时烦恼和焦虑的问题，和孩子冲突最多的问题列出来，分分类，哪些是孩子的问题、哪些是自己的问题、哪些是孩子给我们带来的问题。

觉察：就是当我们烦恼时，当我们和孩子或者爱人发生冲突时，我们要想一想，这件事是谁的事？这个问题的归属权是谁？谁在被这件事困扰？

梳理和觉察后，我们就可以分类处理了。

对于归属权是孩子自己的问题，我们要采用"问诊式"沟通。

"问诊式"沟通的方法和原则有七个方面：一是提问，提问的目的是搜集信息，确认孩子的真实意图和目的，或者问题的根源，如果不知道怎么说，就简单地重复孩子的问题，好让他继续说下去；二是多听少说，医生很多情况下都是脸上带着疑问，搞不清状况时尽量不说话；三是非常专注地听，不漏过任何一个细节；四是在心里默默地分析，从表面的症状分析问题背后的原因，不轻易下结论，不轻易给建议；五是允许孩子有情绪；六是共情；七是不评判、不讲道理。

我们通过一个案例来看看如何使用"问诊式"沟通。

孩子在自己房间里写作业，妈妈在客厅看书。

孩子突然冲出房间喊起来了：我们语文老师讨厌死了，我今天不写语文作业了。

妈妈：怎么了，儿子？

儿子：我烦死我们语文老师了，总是留那么多作业，让抄那么长的课文，还不能出错！有什么用啊！就她事儿多！

妈妈：是吗？你们语文老师留那么多作业啊？

儿子：是啊，今天的语文作业是抄课文，这篇课文还特别长，我都快抄完了，突然发现抄错了，而老师说抄错了必须重抄，我费了这么半天劲儿还得重抄，烦死了！她就能保证不错一个字啊？凭什么这么要求我们啊？我就不改了！随便她怎么说我吧。

妈妈：是啊，郁闷死了。你吃完饭一直在做语文作业吗？

儿子：是啊，写了这么长时间，结果还得重写！数学作业还一点儿都没动呢，这得写到几点啊？

孩子的眼泪都急得掉下来了。

妈妈：是啊，写了这么长时间，特辛苦，还得重写，是不是又懊恼又伤心？

孩子的眼泪已经止不住了。

看孩子这么伤心，妈妈什么都没有说，只是轻轻地搂着孩子，静静地听他哭，陪了他一会儿之后用纸巾帮他擦眼泪，擦好以后他的情绪平静一点了。

看孩子平静下来了，妈妈开始问孩子：妈妈帮你看看哪里抄错了？然后帮你想想办法。你愿意吗？

孩子点了点头。

妈妈和孩子一起走回房间，看了看作业，原来是少抄了两个字。

妈妈：儿子，你看，你在这里写个"+"的符号，然后把那两个字加上去，妈妈把这个地方拍照拍下来发给老师，告诉她你这篇文章都抄好之后检查了一下，发现漏掉两个字，所以就用这个办法补救了。这样老师就不会说你什么了。

孩子听了，觉得这个办法可行，然后就赶紧去抄写剩下的那部分课文了。

整个事件处理得很顺利。妈妈只是问孩子发生了什么，让孩子倾诉出来自己的问题，孩子说语文老师不好，其实只是因为写作业时出现了错误。在孩子烦躁、哭泣的时候，妈妈也没有教育、从头到尾都没有被他的情绪带着跑，而是稳稳地接住了他的情绪，然后确认他的感受，再帮他想解决办法。

如果被孩子的情绪影响，自己也变得烦躁和焦虑，一边安慰他，设法让他停止哭泣，一边对着他讲"你应该一边抄一边检查自己抄得对不对"这样的大道理，结果肯定适得其反，变成大哭小叫、鸡飞狗跳的场面。

所以说在这种情况下，妈妈的情绪是否稳定、头脑是否冷静是决定事件走向的关键因素，而要达到这种境界，需要妈妈成为旁观者，清除头脑里那些没必要的焦虑和恐惧才能做到。那怎样才能清除呢？就是当事件发生时专注于事实，既不去追究孩子抄错的原因，也不为被老师看到抄错了的结果而担忧、焦虑，做到这两点就能头脑清晰地开始想解决办法了。一旦想到办法，妈妈的心情就更加放松了，孩子也会受到感染，然后完全从烦躁和伤心中走出来，专注地去做该做的事情了。

对于归属权属于父母的问题，我们要采用看"医生式"沟通。首先要学会的就是表达自己的感受。因为，现在在"问题区"的是我们，是我们自己内心不舒服了，我们是有心病的"病人"，我们把沟通的对象假设成医生，当然，孩子、爱人可能治不了你的病，但是，你至少要让对方知道你不舒服了，病人不舒服的时候该说什么呢？肯定是"我浑身没劲儿""我头疼""我肚子疼"，而不是把医生批评一顿，指责一顿，冲医生发一通火，"都是你让我这么难受""要不是你我怎么会这么难受""都是你的错"，面对医生，我们使用这种句式肯定是不合适的，因为对方并不知道你怎么了。

和"问诊式"沟通相反，"问诊式"沟通是孩子有问题了，我们要像一个医生问诊那样和孩子沟通。现在，是我们的心出现问题了，我们是"病人"，所以，我们把这种沟通方式叫作"医生式"沟通方式。这种沟通方式最核心的一个点是用"我"开头，身体不适表达的是身体的感受，比如疼、酸、麻等，心里不舒服时，我们要表达出自己心里的感受。表达完感受以后，我们再去寻求解决的方法。

比如你可以说："妈妈今天花了一下午收拾家，特别累，你把客厅弄得这么乱，妈妈看着心里有点烦，因为还得收拾。""妈妈没有能力给你找到更好的学校，对不起，妈妈心里很难受，不能帮助到你。"

这些都是在跟孩子表达客观的感受。没有对孩子指责、评判和命令，孩子听到这些话后，感受到的是一个真实的妈妈，是一个遇到了困难和问题的妈妈，他此时的状态就不会是一种对抗状态，而是一种放松和接纳的状态了。因为，当对方示弱时，我们就不会感受到对方的威胁和压力，自然就放松了。当双方都在一种放松状态时，沟通才会有效。

02

充分满足心理需求，强壮"心理体质"

能力范围内无条件满足，"补"的第一个方法

一个人心理的成长过程，就是本我不断向外伸展并和现实世界触碰的过程。孩子的需求不断向外伸展，有时候能得到满足，有时候得不到满足，甚至受到外界的打压，在这个过程中形成了孩子和外界打交道的方式，也就是一个人的人格。

健康的人格，是敢于向别人提出自己的需求，被拒绝时没有羞耻感，敢于拒绝别人，拒绝后没有内疚感；是在自己能力范围内，在别人需要的时候尽可能帮助他人，不会过分消耗自己，完全不顾及自己的感受去帮助别人，也不会不考虑别人的感受，按照自己的想法一厢情愿地去帮助别人，不管别人是否需要。

父母在养育孩子的过程中，做到在能力范围内无条件满足，孩子才可能发展出这样的人格。

什么是能力范围内无条件满足？

首先，当自己有能力满足孩子的要求时，痛痛快快满足，不提任何附加条件。孩子年龄越小，满足的程度越要高，回应的速度越要及时。孩子越小，他的要求越低，父母满足的可能性越大。

这个时候要全然、及时地满足，随着孩子年龄增大，逐渐过渡到能力范围内无条件满足。

孩子刚刚出生的头一年，没有任何自理能力，完全依恋妈妈（或替代养育者），没有妈妈，他完全没有办法存活下来，在孩子的头脑中，他会把妈妈想象成自己，"妈妈和我就是一个人，妈妈的一切都要随时被我使用，妈妈就是我的胳膊我的腿"，这个时候孩子对妈妈的要求是：随叫随到，有求必应！"我一哭，妈妈的奶头就会马上出现，满足我的要求，我就像是全能的上帝一样"，所以，在心理学中，这个阶段叫作全能自恋阶段。全能自恋阶段的孩子需要妈妈全然、及时的响应，完全无条件的满足。其实，0～1岁的孩子，只是吃喝拉撒睡这些基本的生存需要，父母完全是可以满足孩子的，这个阶段，父母虽然辛苦一点，吃饭、特别是睡眠确实会受一些影响，会比较疲惫，但这样的付出会给孩子一生涂上安全、乐观的生命底色，让孩子有信任这个世界的能力。信任并不是想信任就可以信任的，有些人控制欲很强，什么都要自己干，就是没有能力相信别人，信任是一种能力，信任是安全感充足的自然流露，安全感是信任的基础。如果孩子的全能自恋没有得到充分满足，生命的最底层就是恐惧的，没有安全感的，孩子会认为这个世界是不友好的，长大后很难对这个世界产生信任。全能自恋阶段没有得到充分满足，成年后有两种发展倾向，一种是特别乖，是个"老好人"，难以向别人表达需要，最严重的可能会发展成抑郁症。另一种是需求得不到满足时，歇斯底里，恨不得让这个世界一起毁灭。那些反社会型人格障碍的人就是处于全能自恋阶段孩子的需求没有得到满足的人。

自体心理学家科胡特曾经说过一句话：不含敌意的坚决，不带诱惑的深情。这是对无条件满足非常恰当的定义。不含敌意的坚决是，"我理解对方的需求，接纳对方的需求，允许对方有需求，但是，我也爱我自己，疼惜我自己，所以在我没有能力时，我可以坚决地拒绝对方的需求，但不评判对方的需求，不攻击对方的需求"。不带诱惑的深情是，"我满怀爱意和深情，对你没有任何期待、不求任何回报，我的给予仅仅是因为爱。所以，给予时我没有任何附加条件，更不会有抱怨和委屈"。父母对孩子的陪伴应该是稳定的，而不是因为孩子的表现而忽冷忽热。如果不是稳定的支持和陪伴，那么你的深情就是带着诱惑的，"你诱惑我的人生必须做出改变，你才可以给我多一些的陪伴和支持"。

孩子说，"妈妈，我周末想出去和同学看电影"，孩子的这个需求，父母是有能力满足的，这种情况下，我们要直接答应孩子，"去吧，宝贝，高高兴兴玩儿去吧，周末了，放松一下自己"。孩子和同学出去玩，是建立关系的需要，也是自由快乐的需要，这些是孩子情感和关系的心理需求，这些需求如果得到满足，孩子的心理发展就是平衡的、愉悦的，孩子在学习时就会专注。如果这些需求长期被压抑，得不到满足，孩子会对关系、自由、快乐产生极度的渴求，很多青春期的孩子沉迷于手机游戏，一拿起手机就放不下，父母断网没收手机，孩子就像拼命一样和父母抗争，有些孩子甚至因为父母没收手机直接跳楼自杀，这就是情感需求和关系需求长期被压抑后的恶性补偿。从一个极度饥饿的人手里抢他的面包，他一定会和你拼命。

很多父母在孩子提出自己的需求时，会说，"你作业写完了吗？数学考成那个样子，还出去玩！你数学下次考90分，我就让你出去玩"。这样的做法就是有条件满足或功利性满足。被有条件满足的孩子，孩子的感受是"妈妈爱的是我的成绩，爱的是我的优秀，而不是我这个人"。这样的做法是只看见了孩子的"功能和价值",并不是真正爱孩子。

还有一类父母看起来给了孩子很多,带孩子去旅游,给孩子买很多东西,孩子说要吃巧克力,妈妈说"巧克力不好吃,对身体也不好,妈妈去给你买糖葫芦,糖葫芦最好吃了,妈妈给你买十根",但是孩子却不开心。因为父母给孩子的并不是孩子需要的,而是父母自己认为好的、重要的。这样的满足是虚假满足,因为父母并没有看见孩子真实的需求,而是把自己童年时曾经匮乏的东西给了孩子,父母并不是在满足孩子,而是在满足自己。这样的爱就是溺爱。

有的父母经常会说,"你再考不好,再不听话,我就不要你了"。妈妈说的时候当然是吓唬孩子,不会真的不要,但是孩子会当真,他会担心自己不优秀的时候被妈妈抛弃,长期用这样的方式和孩子相处会让孩子没有安全感。有条件的爱会让孩子变得没有自尊,他会物化自己,功能化自己,无法建立自己作为一个人的尊严。一个没有安全感、没有自尊的人很难建立起自信心。

其次,当自己没有能力满足孩子时,你可以拒绝,诚恳说出自己的感受或为难之处,但是不指责、不评判孩子的需求,不向孩子诉苦,不抱怨孩子不懂事。

孩子在全能自恋阶段(大约 0~1 岁)得到满足后,心智向前发展，主客体开始分化，孩子的需求开始变多，但仍然很弱小，自己不能完全满足自己，此时，孩子会把父母的能力当成是自己的能力。在心理学上，这个阶段在心理学上叫作理想化客体阶段。这个阶段会从 1 岁一直持续到 18 岁。这个阶段的孩子对父母的要求有两个方面。

一是仍然需要父母稳定的陪伴，及时地关注和回应，在自己能力范围内无条件满足。孩子在两三岁时，是分不清现实与幻想的，父母对孩子的陪伴、支持与满足，会让孩子感觉父母很棒，"我的爸爸是超人，我爸爸厉害就是我厉害"，不仅是父母，男孩子喜欢奥特曼、变形金刚，就是觉得"我自己就是奥特曼，我自己就是变形金刚"，女孩子喜欢芭比娃娃，就是"我觉得我自己很漂亮"。我的一个来访者，他的孩子现在 3 岁，有一天看见妈妈把爸爸的电动牙刷刷头换了，就跑去告诉爸爸，"爸爸，我把你的电动牙刷刷头换了，看我多厉害"。妈妈问我，"这个孩子怎么撒谎"？其实孩子并不是撒谎，他是把妈妈的能力看成了自己的能力，他真的以为是自己给爸爸换的。如果父母忽视孩子，不陪伴孩子，不满足孩子，孩子成年后就会有两种发展趋势，一是变得不自信、懦弱，依赖性强；二是盲目自信，分不清现实和幻想，迷信、神化某些人，比如自认为认识"大人物"，疯狂追星等。

二是随着孩子的成长，孩子的能力在变强，需求也会越来越多，父母已经不可能全然满足孩子的需求，父母要主动逐渐呈现出自己的无力、挫败、懈怠、无助等所谓的"阴暗面"，向后退，变成真实的人。孩子的一些需求会在父母这里得不到满足，这些不满足会让孩子有一些挫折，但这些挫折是恰到好处的挫折，会让孩子从对父母的理想化自恋投射中逐步出来，知道父母不是神和超人，而孩子会从弱小变得强大，有些事情可以自己做，甚至可以超过父母，可以打败父母。同时，奥特曼从真实的人物变成卡通动漫人物。孩子也逐步分清了幻想和现实，同时，父母主动呈现自己的无力也会让孩子敢于呈现自己的无力，敢于承认自己的弱，敢于接纳真实的自己。

所以，无条件满足并不是什么都满足。孩子提出的要求，我们不可能都做得到，也不必都做到。有的时候是精力达不到，比如：我们很累了，孩子非缠着让我们和他玩捉迷藏，这个时候，我们可以和孩子说："妈妈今天有点累了，你先自己玩会儿，妈妈休息半小时再陪你玩好不好？"有的时候可能是我们的财力达不到，孩子想要买一双 1 万多元的限量版鞋，我们的经济能力达不到，我们可以说："那双鞋真的很好看，我儿子真有眼光，不过对不起，妈妈的钱没有那么多，不能给你买，你长大后自己有能力了可以自己买。"这样的拒绝，孩子可能会不高兴，但只是需求没有得到满足的失望，孩子不会认为是自己的需求不应该，自己提要求是不懂事，自己不配要好东西，而是妈妈的能力有限，不能满足自己。

有的父母听到孩子这些需求后，自己觉得太贵，买不起，就开始给孩子讲道理，"人不要追求名牌，不要虚荣"，或者说，"爸爸妈妈挣钱不容易，从来都舍不得买这么贵的鞋，你要懂事"。这些指责、抱怨和说教，会让孩子觉得自己的需求是不对的，自己不懂事，进而产生内疚感和羞耻感，这种感受会让孩子长大后即使有钱也不再敢满足自己，不敢享受好的东西，总觉得自己不配、不应该拥有，更不敢和别人提出自己的需求。

有的父母觉得自己童年的时候很苦，现在有钱了，就什么都满足孩子，无论孩子要什么，都咬着牙给孩子买，自己再累也完全满足孩子的要求，不会直接拒绝孩子，把自己搞得很辛苦，这样的父母感受不到自己的需求，也不尊重自己的需求，过度使用自己。一旦自己的能力满足不了孩子的需求，就开始自我攻击，或者开始评判、抱怨孩子的需求。这样养大的孩子，长大后会有两种发展倾向，一种是不考虑别人的感受，贪婪、自私、无节制，没有规则意识，比如前些年新闻中出现的强行霸占别人座位的"高铁霸座男"。另一种就是所谓的"老好人"，在外面隐忍、克制自己，一味讨好别人，从来不敢提出自己的需求，不敢争取自己的利益，回到家里，把和其他人相处时压抑的负面情绪释放给自己的家人，特别是孩子。

父母有能力感受到自己的需求，尊重自己的需求，无条件满足自己的需求，是父母有能力对孩子做到无条件满足的前提和基础。否则，很容易陷入虚假满足和有条件满足的误区中。

再次，孩子被拒绝后可能会有情绪，要无条件接纳孩子的情绪。人的需求不可能全部满足是正常的，需求满足不了以后，会有失落、失望等情绪也是正常的。所以，拒绝孩子后，要允许孩子有情绪。允许就是不指责、不抱怨、不害怕孩子的情绪，有的父母拒绝孩子后，看到孩子不高兴，会指责孩子，"明明是你的要求不合理，你还生气"，这就是不允许孩子有情绪。

如果自己接不住孩子的情绪，看见孩子不高兴，自己也会不舒服，那就走开，允许孩子用自己的方式处理情绪，比如：他会和自己的小狗说会儿话，可能会自己发会儿呆，打一局游戏，或者和自己的好朋友吐吐槽，这都是孩子自己发泄情绪的方式，父母不要干预。如果父母接得住孩子的情绪，那就陪伴孩子度过他的情绪期，听孩子表达一下自己对那个东西的喜爱和向往，表达一下自己的失望，用自己曾经失望的经历回应一下孩子，我们可以说，"妈妈知道买不了那双鞋你挺失望的，那双鞋真的挺好的，你穿上确实很好看，妈妈抱一下宝贝"。孩子的失望被妈妈看见以后就会慢慢消失，并恢复到平静状态中。

被无条件满足的孩子，孩子的感受是：我是被父母看见的。全世界都不爱我，妈妈是爱我的，别人不尊重我，妈妈尊重我，全世界都不要我，妈妈要我，妈妈爱我，只是因为，我是妈妈的孩子。看见"人"，是真正的爱。父母无条件的满足，饱含深情的看见，就像是灿烂的阳光照进了孩子的心里，让孩子内在的安全感、自信心、自尊的小芽茁壮成长，一个孩子从小被满足得越好，长大后延迟满足能力越强，他耐受挫折、困难和挑战的力量越强，也就是我们所说的有韧性和毅力。

被有条件满足和虚假满足的孩子，孩子的感受是：父母爱的是我的成绩，爱的是我的优秀，我只是实现父母期望的工具，他们爱的不是我这个人。只看见孩子的"功能和价值"，是虚假的爱，虚假的爱让孩子没有安全感、没有自信心、没有自尊。一个人只是一个具有功能价值的"角色和工具"，还是一个真正有自我的人，取决于孩子这个"人"是否被父母饱含深情地、真正地看见过。

肯定与认可，"补"的第二个方法

我们在前面讲过，孩子的心理需求就像是一个个的小嫩芽，父母的肯定和认可就是帮助孩子发展出成就感、价值感、追求美好快乐这些品质最好的"养料"。

孩子的全能自恋得到充分满足后，心理层面的安全感就发展出来，身体的功能也在同步发育，孩子会翻身、会爬，能自己抓到玩具，爬到妈妈身上，身体和心理都有了自己满足自己的能力，对妈妈的需求程度和需求响应的速度都会降低，也就是延迟满足能力增强了。他的"心理自体"就得到了发育和成长，此时他就把自己和妈妈分开了，"我和妈妈不是一个人"。
一方面自己的能力还是比较弱，对妈妈的依赖性仍然很强，心理上的安全感还不是很充足；另一方面，他开始学习各种生存的技能，在成年人眼中很简单的吃饭、走路、穿衣服，对孩子来说都需要做出很大努力才能学会，妈妈要对学习的过程保持关注，并且要当成了不起的事情对孩子及时地肯定和认可，这个过程会从 1 岁持续到 18 岁，在心理学上叫夸大自恋阶段。父母的肯定和认可会让孩子夸大的自恋得到满足，夸大自恋的满足会让孩子产生巨大的价值感和成就感，而成就感和价值感会让孩子产生更大的学习动力、创造力，心理自我就会逐渐变得强大。如果孩子夸大的自恋得不到满足，就会变得懒散、无力、空虚、无意义，没有生命的活力，整个人没有力量，没有精气神，更不会有学习的动力。

　　孩子刚刚学着用勺子吃饭，会把饭弄得到处都是，甚至会把一碗饭全部洒了，给父母增加很大的工作量，如果父母此时没有耐心，训斥孩子，或者干脆把碗拿过来自己喂，孩子的成就感和价值感就会受到扼制，学习用勺子吃饭的动力就会变小。如果父母带着惊喜用夸大的语气肯定孩子："我的宝贝真棒啊！都会用勺子吃饭了。"孩子就有了成就感和价值感，学习用勺子的动力就会更强，也就很快学会用勺子了。学习也是一样的，孩子刚上小学一年级时，学习的动力是很强的，学会一个字后会让妈妈看，妈妈一看，写得太歪了，这个点儿点错地方了，用严厉的语气批评孩子，让孩子重写，孩子的成就感受到了压抑，久而久之，就丧失了学习的动力。妈妈如果说："哎呀，我的儿子太厉害了，都会写'王'这个字了，真棒！下次咱们把这个竖道写得直一点儿就更好看了！"孩子的成就感就会增强，学习写字的动力也就更强了。

肯定和认可的操作原则有三个：

一是单纯的肯定和认可，不隐含着期待和要求。例如，孩子考了 99 分，我们可以称赞孩子考得好，但不说下次继续努力，争取考 100 分，这样的鼓励会让孩子会担心以后做不好而产生压力，有些孩子会有考前焦虑，一考试就紧张，就是因为父母总是让孩子下次考得更好，从而有了负担，反而因恐惧和压力患得患失，不敢再去尝试。

二是肯定孩子的价值而不仅仅是肯定做这件事情本身，这样的肯定会让孩子体会到"我对别人是有帮助的，我是有价值的"。比如，孩子帮妈妈洗碗，妈妈如果夸孩子，"妈妈今天上班可累了，你能帮妈妈洗碗，妈妈轻松多了，谢谢宝贝"，孩子就会觉得自己是可以帮助妈妈的，自己对这个家是有价值的，就会更愿意帮助妈妈做家务。

三是肯定孩子的努力和过程而不是结果。孩子经过努力，成绩提升了，我们对孩子说，"你这次复习特别认真，而且找到了复习的窍门"，孩子会总结这次成绩提升的原因，会在做事情和学习的过程中体会到快乐。如果只是说，"你这次成绩不错，但是比人家小明还差很多，你要继续努力，超过他"。孩子在这样的互动过程中，慢慢就变得只追求结果，忽视学习的过程，并且会让孩子变得嫉妒、急功近利、不能享受工作和学习过程中的成就感和快乐。

如果孩子的全能自恋和夸大自恋得到满足，孩子在成年后就有了健康的自恋，健康的自恋就是"我好你也好""我知道自己是谁""我接纳自己，也接纳别人"。这样的人就会有一个稳定的人格，也有了一个健康的"心理自我"。

03

及时排泄"心理垃圾",减少创伤与疾病

无条件接纳孩子的情绪,"泄"的一个原则

人正常的负面情绪来源,主要有学习和工作中的挫败感,人际关系的冲突和障碍,关系和物品等的丧失。对于孩子来说,主要是在学习上的挫败感,以及和老师、同学、父母的冲突。当孩子的情绪来临,如孩子在外面受了委屈时、和小伙伴或者同学发生了冲突、被老师批评了、考试没有考好,或者被爸爸打了、妈妈骂了,孩子暴怒、伤心、难过、焦虑时,父母要坚持的一个原则就是,无条件接纳孩子的负面情绪。

为什么要无条件接纳孩子的情绪

无条件接纳孩子的负面情绪有两个原因:第一个原因我们在第二章中讲过,负面情绪是我们所有情绪中的一部分,没有

对错好坏，就像身体的排泄物一样，负面情绪是心理的排泄物，无论是身体的排泄物还是心理的排泄物，我们要做的不是压抑，不是评判他应该不应该有，而是帮他找到合适的途径排泄出去。

第二个原因是，当人处在负面情绪中时，大脑收到的信号是不安全的，是被攻击和威胁的，我们在第二章中讲过，此时的大脑工作在神经系统的防御状态中，这种状态下的人听不进道理，更听不见建议和意见，完全失去了思考和分析问题的能力，专注力下降，学习效率和工作效率低下，处理问题不冷静。

因此，当我们想让孩子冷静下来，想提升孩子的注意力，想让孩子的学习能力提升，就要让孩子的负面情绪尽快释放出来。如果孩子的负面情绪不被接纳，不被允许，孩子就会将自己的负面情绪压抑在心里，孩子的大脑就总是处在防御状态中，会直接影响到智商的发挥。孩子的学习能力和学习成绩更多的时候拼的不是智商的高低，而是智商发挥得是否充分。

无条件接纳孩子情绪的方法

无条件接纳孩子的负面情绪有四个步骤：第一，允许孩子有情绪，不评价孩子的情绪。情绪是客观存在的，不让孩子有情绪是不可能的。就像孩子渴了一样，不让孩子说渴，或者说孩子渴是不对的，都不是恰当的方法。

第二，不求助、不帮助、不打扰——允许孩子用自己的方式、自己的节奏处理情绪，不干扰孩子。小一点的孩子可能会哭会喊，大一点的孩子会骂一骂同学，在家里发泄一下对老师的不满，有些孩子可能会打游戏、听音乐，或者和同学聊一聊，这些都是孩子心里有情绪以后的发泄方式。父母不打断孩子，不打扰孩子，允许孩子尽情释放自己的情绪，孩子会感受到父母对自己的接纳，"我不开心，妈妈也允许"。

第三，在孩子释放情绪的过程中，学会觉察自己的感受和情绪。当你面对孩子的情绪时，你是什么感受？是紧张、恐惧还是愤怒？不用内疚，也不用自责，只是觉察一下自己的感受。

如果你感觉自己很紧张、很恐惧、很愤怒，那此时的你是没有能力帮助孩子释放情绪的，这个时候你什么都不做就是对孩子最大的支持。因为此时父母的任何行为都是将自己的情绪发泄给孩子，反而是对孩子的伤害。

如果你面对孩子的情绪很平静，能够接住孩子的情绪，而孩子又愿意向你求助，那就可以帮助孩子释放情绪了。

第四，帮助孩子释放情绪。帮助孩子释放情绪最关键的就是专注倾听，当孩子向我们倾诉时，我们要放下自己的想法和感受，把注意力放在孩子身上，专注倾听孩子的倾诉，不打断孩子，爸爸妈妈专注倾听的眼神、动作，会让孩子感受到"无论我如何做，爸爸妈妈都会接纳我，我是安全的"，安全和放松的感觉会让孩子放下防御，继续尽情倾诉。我们也可以试着用语言引导和孩子倾诉，可以先从重复孩子的语言开始，比如："小朋友抢了你的玩具，你特别想打他？你是不是很生气？"这样的过程，是给情绪"命名"，教孩子学会用语言表达自己的情绪，这是释放情绪最好的办法。当孩子倾诉完毕后，会逐渐平静下来，此时，孩子的大脑就会从防御状态切换到安全状态，这个时候，孩子才有能力思考，才有了探讨问题的可能性，也才能听进父母的建议。

无条件接纳的误区

我和很多妈妈交流的时候，她们都会说："孩子的行为是错的呀，他明明就是违反了学校的规定，他和小朋友打架就是错的呀，我怎么能无条件接纳他呢？"其实这是一种误解，我们接纳的是孩子的情绪，而不是行为。他的行为确实是错误的，但是孩子违反了学校规定，被老师批评了，和小朋友打架了，自己心里都是很难受的，内在充满了愤怒、委屈、恐惧等负面情绪，此时，孩子的大脑工作在神经系统的防御状态中，你和他讲道理他是听不进去的。所以，我们要先接纳孩子有情绪这个事实，并帮助孩子把负面情绪释放出去。我们无条件接纳的是孩子的负面情绪，而不是孩子的行为。先让孩子把负面情绪释放完，当孩子的大脑工作在神经系统的安全状态时，再和他探讨行为的对错，孩子才能听进去，这时候的沟通才是有效的。

父母如何提升自己的情绪管理能力

父母管理好自己的负面情绪是无条件接纳并帮助孩子释放
负面情绪的基础。对于父母来说，如果自己的负面情绪很多，
是无法帮助孩子的。就像图 5-1 一样，如果父母的负面情绪池
是满的，不但无法接住孩子的负面情绪，甚至还会把自己的负
面情绪释放给孩子，对孩子造成伤害。所以，父母想支持到孩子，
就要先学会管理自己的情绪，要注意的是，不是控制，而是管理。
如何管理自己的负面情绪呢？我们先来看看父母负面情绪的主
要来源。

一是界限问题，想要改变和控制而不能。父母和孩子之间
的冲突对父母来说是想改变和控制孩子而不能，对孩子来说是
想按照自己的想法生活学习而不能。思考一下，很多时候自己
焦虑的源头是不是因为孩
子没有按照你的想法去
做？你是不是总想改变孩
子的行为？让孩子按照自
己的意愿发展、成长，焦
虑到一定程度就开始管孩
子，而孩子也是人，也愿
意按照自己的天性生活，
一旦被改造就不舒服，就

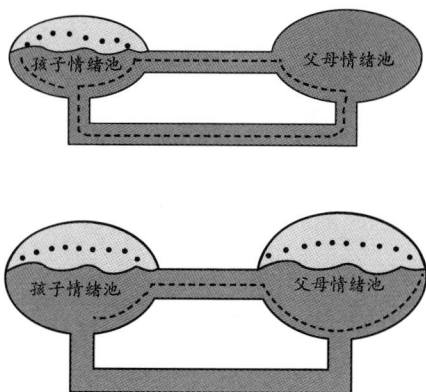

图 5-1 父母情绪池和孩子情绪池关系图

难受。小时候无论是从身体还是思维上都无法反抗父母，但是孩子长大后，特别是进入青春期后身体变得有力量了，精神更加渴求独立，再加上情绪不稳定冲突就来了。冲突的结果就是父母和孩子双方都产生了愤怒、委屈、难过等情绪。所以很多小时候听话的乖孩子，在青春期反而会变得特别逆反。

二是触碰到了父母内心曾经压抑的情绪。父母为什么会为孩子的行为焦虑？父母为什么会想改变和控制孩子？一是因为父母和孩子是共生在一起，二是我们每个人几乎都有情绪障碍，无法正常地感受和表达我们的情绪，特别是恐惧、愤怒和悲伤这些我们认为的负面情绪。父母或者身边的人否定、不认可这样的情绪，否认自己有这样的负面能量，同时也不允许你表现出来。他们会批评、责骂，或者对你冷暴力，让你觉得自己有某种情绪是不对的，就算有这种情绪也不应该表现出来。所以我们总是压抑自己的情绪，让身体的疾病来表达自己的情绪，或者用行为来表达自己的情绪，很少会用平和的语言来表达自己的情绪。

但是这些情绪并不会因为我们的否认和压抑就消失不见，它埋藏在我们潜意识的深处，当相似的情况发生时，这些负面情绪就会立刻被触发。比如：小时候你没考好，回家以后情绪很低落，父母如果把你打一顿或者骂一顿，你无力反抗，就把这种恐惧和愤怒，其实这就是一种心理的创伤埋藏在你心底。

当你看到自己的孩子没有考好时，这种恐惧和愤怒的感觉就会被触动，于是你就开始焦虑，开始对孩子训斥、教育或者打骂。这就是模式的复制。如果父母内心是没有创伤的，可以直接面对孩子的沮丧，平和地和孩子探讨没有考好的原因，一起寻找提升成绩的方法。所以父母因为孩子的某些行为产生焦虑，其实是自己早年经历的被触碰，这也就是我们总说的原生家庭的创伤。

了解了自己情绪的来源后，当我们面对孩子的行为感到焦虑时，可以慢慢地练习，让自己觉察一下，我们现在有情绪，这是我们自己的情绪，我们不可以把它释放给孩子，但是我们也不评判、责怪自己的情绪，我们要做的是找到一个合适的方式把它们释放出来，我可以找朋友说一说，也可以写一写情绪日记，可以去运动，也可以去做一些让自己感到轻松愉悦的事情，消化自己的情绪。当我们学会管理自己的情绪后，我们就变得越来越稳定，接纳孩子负面情绪的能力也就越强，我们也就成了孩子释放负面情绪的主通道。

父母了解并尊重孩子的心理发育规律，用肯定、认可、无条件满足的方式满足孩子的心理需求，用无条件接纳的原则接纳并帮助孩子释放负面情绪，父母的行为就会内化到孩子的心里，成为孩子的内在父母，即使父母不在身边，即使父母离开人世，内在的父母也会始终陪伴着孩子。

　　内在父母、孩子在成长过程中的重要他人以及孩子的兴趣爱好这三类客体，共同搭建起了一套支撑孩子心理健康成长的心理需求补给系统和负面情绪排泄系统，这套系统将成为滋养孩子一生的源泉，让孩子的心理健康而强大，在这无常的人世间，无论遭受什么样的挫折和困难，都能让孩子尽快复原，有能力体验和享受生活的快乐。

Be a

Better

第六章

走出中国父母教育的八个误区

中国父母教育误区形成的三个原因

误区一：听话（懂事）才是好孩子

误区二：打是亲，骂是爱，不打不骂才是害

误区三：伟大的母爱，只要你过得比我好

误区四：父亲缺位，世上只有妈妈好

误区五：隔代养育，父母功能的"外包"

误区六：攀比心理，别人家的孩子好

误区七：匮乏心理，影响孩子正确看待财富

误区八：过度关注学习，孩子厌学的根源

01

中国父母教育误区形成的三个原因

养育孩子的方式是以文化为基础的，父母的期望和价值观往往和一个国家的文化传统有很大的关系。中国历史和文化有三个重要方面对人的心理发育和父母的教育理念产生了重大的影响。

一是农耕文明持续的时间比较长；二是战乱比较多，特别是近代，从清朝末期的鸦片战争、军阀混战、抗日战争、解放战争，一直到1949年国内的战乱才结束；三是贫穷的时间比较长，从20世纪初到20世纪80年代改革开放，我们的日子才逐渐富裕起来。这三个方面为什么会对父母的教育观产生重大影响，又是如何影响父母的教育观念的，这就是我们这一章所探讨的主要内容。

农耕文明对教育理念的影响

以色列历史学家赫拉利的《人类简史：从动物到上帝》这本书写历史的角度非常特别，他写的不是历史事件的发生，而是写了人类思想、哲学、宗教和心理的发展历史，写的是从原始时代到现在，电、蒸汽机的发明，科技和生产力的发展对人类的心理以及人和人之间的关系产生的影响，讲述了人和人之间的关系在历史的长河中是如何演变和发展的。

北京大学职业研究所的所长陈宇教授最近新出了一本书叫《想象后天：理性、故事和待续》，这本书主要讲述了人类心理的发展历史、人际关系的发展历史如何影响了人类的教育观念，而教育观念又如何对人的职业竞争力产生影响。下面我们就结合这两本书的内容来了解一下人类的心理和人际关系的发展历史，并由此了解中国父母的教育观是如何形成的，以及中国历史和文化对教育观的影响。

按照多数历史学家的划分，人类的发展历史经历了四个时代：原始时代、农业时代、工业时代和智能时代。这四个阶段都对人类心理和人际关系产生了不同类型的影响。

原始时代对人类心理和人际关系的影响

原始时代起始的时间是 300 万年前到 1 万年以前，原始时代最发达的地区是在非洲，那个时代地球上有很多的物种，有哺乳动物、禽类、水生动物和种类繁多的植物。人类之所以能够成为地球上的王，一是因为工具的发明，二是火的运用。人类在这个世界上发明的第一个工具叫阿舍利手斧，这也是人类进入原始时代的标志。

工具的使用使得人类可以获取更多的食物；而火的使用使我们的身体能够获取更多富有营养的食物，因为熟食更好消化，营养的丰富促进了人类大脑的发育。人类发明了语言，有了强大的理性思维能力，人和人之间通过沟通，形成了组织指挥和协调能力，这些能力使得人类可以联合起来，战胜体型比人类庞大、健壮许多的大型哺乳动物和凶猛动物，成为大自然中最有智慧的物种。

这是人类的第一次觉醒，我们和动物划清了界限，征服了动物，形成了氏族和部落。随着氏族和部落的发展，人类逐渐从非洲走到了全世界，部落之间的战争也持续不断。主要原因是可以吃的动植物资源太有限了，当这一片地区的动物和植物越来越少时，对于饥饿的恐惧使得氏族部落爆发战争，同时人们也会向其他地方寻找更多的资源，于是人类就从非洲走到了亚洲、欧洲、大洋洲和美洲。

在这样的发展过程中，人类的心理发展具备了这样三个特点。

一是协作、沟通、善待同类、团结友爱、人人平等、四海之内皆兄弟。主要原因是在长期和其他哺乳动物的斗争中，人们必须要协作沟通，善待自己的同类。

二是排外、抱团、封闭、保守、怀旧。人类作为一种群居生物，其安全感就在于回到自己的小家庭、小族群、小部落中。由于资源有限，氏族部落之间要争夺资源，所以排外、抱团，封闭、保守、怀旧也成为人类的一种天性，遇到风吹草动，这种基因就会暴露无遗。

三是猜疑、恐惧和不安全感。人类在登顶的过程中，由于自己先天的弱小，遇到过太多的灾难，在和大型的哺乳动物，和其他氏族争夺资源的过程中，有很多的恐惧、猜疑和对峙，恶劣的自然环境使人类对外界充满了不信任和不安全感。所以对外部世界的猜疑和恐惧一直是人类心理的主色调，每个人内心深处都天然地有着深深的不安全感。即使是在和平的环境中，生活很富足，内心仍然会有一种时时袭来的不安全感，这其实是从人类最原始的基因中携带过来的，这就是我们终身都在和自己的不安全感和不信任感做斗争的原因。

农耕时代对人类心理和人际关系的影响

农耕时代大约从公元前 8000 年到公元 1750 年，这个时代最发达的地区在亚洲。所谓农业就是人类对地球上有生命物质的第一次成功的征服。农业时代生产力的本质就是驯化生命。因为有了驯化的动物和植物，我们的食物来源大大丰富了，这个时期人类的生存环境比原始社会要好了很多。

从历史上看，农业的兴起首先发生在两河流域。按照历史学家克里斯蒂安的观点，那个时代美索不达米亚正好处于全球交换网络中心，当时的所谓全球主要也就是欧亚非，因为那个时候海平面上涨，美洲和大洋洲完全孤立了，欧亚非大陆上的人早就把美洲给忘光了，更不用说还能记着那里住着人类的兄弟姐妹，所以连接欧亚非的中心就是世界的中心，这个地方也就成了当时的全球创新中心。最重要的家禽、家畜和农作物都是在这里驯化和培育出来的，当然随后农业也发生在尼罗河流域、印度河流域和黄河流域，古代文明产生的这四大流域都在亚洲，所以农业时代是亚洲的时代。

河流和土地是农业时代最重要的基础设施，凡是有良好的河流和优质的土地的地方就成了人类发明的发源地。而中国黄河流域的农耕技术，基本上是这里的人们独立创造的。农业时代谁更有机会站到从原始社会向农耕社会转移的起跑线上，谁更有机会实现从采集狩猎的生活向种地、养猪的生活转变，这一点并不完全取决于一个人聪明、勤劳与否，以及是否有这种愿望，而主要取决于一个人生活在什么地方。

这个时代，有了土地就有了一切。要种植这些土地，就要有一个管理严密的组织，所以这个时代的特点就是建立了等级分明的社会制度以及家族宗亲制度，在温情脉脉的家族和宗亲制度后面，阶级分明，等级森严，贫富悬殊，民众困苦，封闭、专制、独裁、极权是这个时代的主要特征。和人对生物的征服一样，支撑着人对人的统治和压迫，主要力量仍然是暴力。当然，农业时代的暴力和原始时代的暴力在发挥作用的性质上发生了重大变化，原始时代暴力的作用就是简单的征服和消灭对方，但是农业时代暴力的主要作用已经不是征服和消灭，而是支配和奴役，也就是说暴力的主要作用不再是消灭对方，而是把对方当作经济资源来控制、管理和利用。这也是农业时代的必然选择和重要特点。

封建时代的重要特点就是自给自足，以家族为单位，在一小块地上耕种，没有协作和交换，和外界的交流很少，家族是很封闭的。所以这个时代人们的规则意识和协作意识并不强，每个家庭就像是一个公司一样，公司的领导就是家长，他管理着整个家族来完成土地耕种的共同任务。他要求下面的人服从、听话，那时候的家族都有家法，由于男人在耕作上的体力优势，男女是不平等的。农业时代的人类通过集权和专制这种方式，集中了大量人力、财力和物力，种植了大片的土地，生产了大量的农作物。

所以农耕时代人的心理特点有两个。

一是听话，不听话就会受到严厉的惩罚，人和人之间的关系就是奴役和服从。在当时的历史条件下，这样的社会关系才有可能大幅度提高生产效率和经济效率，通过集权和专制集中大量的人力、物力和财力，让农业时代创造了辉煌灿烂的古代文明。

二是比较意识强，规则意识和协作意识不强。"拳头大的是哥哥"的丛林原则和暴力原则是原始时代和农业时代的制度基础。丛林原则是什么？因为资源有限，我们要去争夺，"我要把你消灭了，我才可以生活得更好。因为你生活得好，我就会生活得不好"。所以人和人之间的关系就是碾压和支配，奴役与消灭。

工业时代对人类心理和人际关系的影响

工业时代是属于欧洲的时代。从公元1500年前的欧洲开始，人类社会发生了巨大变化，逐步进入现代社会，这种巨变是人类理性又一次大觉醒的结果。在原始时代和农业时代，欧洲并没有什么特别的表现，好像只是跟着亚洲一块儿走的欧亚大陆的一个小兄弟。一直到1000年前，欧洲民族对欧亚大陆文明没有做出过任何重要的贡献，他们只是由于运气好才生活在某一个特别有利的地球位置上，使他们有可能接受在欧亚大陆较温暖地区发展起来的一些先进的东西，如农业、车轮、文字和冶金工业等。

欧洲在历史上就是这个样子，但是大约 500 年前，在农业时代一直被边缘化的欧洲，这个小宇宙突然爆发了。1492 ～ 1504 年，意大利航海家哥伦布在西班牙女王的支持下，先后四次从欧洲出海，横跨大西洋，远航到达美洲大陆，建立了全球交换新网络，使欧洲一举成为这个新网络交换的中心。世界上最开放、交换最频繁、物质能量和信息流动量最大、流动速度最快的地方，就是创新、创造最频繁的地方，这样欧洲一下子从世界的边缘走到了世界的中心。

由于哥白尼、伽利略、开普勒的破冰开路，由于牛顿、达尔文、麦克斯韦和克劳修斯"登台唱戏"，由于瓦特和爱迪生去创造人类全新的历史，人类文明在 250 年前翻篇了。人类一下子掌握了相当大的一部分自然秘密，开始全面征服无生命物质，包括几乎全部金属、非金属，煤、石油、天然气，水能、风能、太阳能、核能，由于它们开始无声无息、无怨无悔、无日无夜、全力以赴、全心全意地为人类服务，历史就发生了天翻地覆的变化。

原始时代开始的标志是阿舍利手斧的打制，农业时代开始的标志是驯化了玉米、驯化了狗，工业时代蒸汽机的发明是人类历史上第三个关键时期。1775 ～ 1945 年，这 170 年是工业文明的第一季，它的历史几乎就像是在证实马克思的预言一样：一方面生产力高歌猛进，出现了汽车、电灯、电报技术等，和农业时代不可同日而语；另一方面社会关系和生产关系风雨飘摇。人离开了土地，开始工作在生产线上，但仍然被资本家盘剥着，人和人之间的关系仍然处在一种服从、奴役的状态中，所以工业时代的初期工人运动非常频繁。

1945 ～ 2015 年，这 70 年是工业文明的第二季，现在看来1945 年很可能是现代社会和现代文明的真正起点，1945 年后人类才真正开始逐步走出"拳头大的是哥哥"的丛林原则和暴力原则。

被称为经济学之父的亚当·斯密和大卫·李嘉图的等量劳动相交换和等价交换的市场原则，开始真正成为一切社会行为的准则和基础，经济关系取代其他社会关系，成为人与人关系的主体。人类历史上第一次出现了亚当·斯密描绘的图景：你要获得自己的利益，就要为对方提供他需要的利益；你要获得自己的财富和幸福，就要让对方感到高兴和满意。

市场原则的本质是双赢，在市场原则下无论强者还是弱者，无论男人还是女人，都有可能通过自己的努力而胜出。几乎一切人的工作热情、服务热情、创造热情和能动精神都被充分调动起来了，在上帝面前人人平等的故事以经济关系和交换方式让人们重新得到了体验，由此产生的社会的活力和繁荣是人类历史上任何时期都无法想象的。

到了这个时代，人的心里才有了自我，人的欲望、人本身的需求、人的感受才开始得到了重视。人和人之间的关系，也从农业时代服从听话、男女不平等的时期，开始进入平等双赢的时代。

智能时代对人类心理和人际关系的影响

2016 ～ 2045 年，人类进入智能时代，其标志就是机器人的出现。

我们在前面教育的目标中讲过，人类所有的工作都分成规则性劳动和非规则性劳动。在人工智能时代，所有规则性的劳动最终将会被机器取代。无论是过去、现在还是将来，那些被工具、机器人取代的人类劳动，本就是人类不该从事的。比如，在土地上像牛马一样艰难地劳作被大型农业机械取代、长途驾驶员的工作被机器人取代。只有这些非常艰苦的工作被工具和机器人取代后，人类才会从繁重的劳作中解放出来，才有可能开始真正从事人可以从事的、应该从事的劳动和工作。

这些工作是什么？是从事情感和沟通类的工作。情感和沟通是人得以通过协作战胜动物、成为自然界之王的真正优势，这是人和机器、人和动物最大的不同，这是人类真正的本领、才华、能力和智慧。未来，我们人类只会从事跟这些东西有关的工作，从根本上说，人类正是从这个时候起才真正可以过上人应当过的生活。

在智能时代，人和人之间的关系更加平等，更加尊重每个人独特的个性，只有将服从、听话、暴力彻底消灭，真正做到平等共赢，每个人独特的个性才能真正发挥出来。

在农耕社会和农业文明时代，中国曾经是世界上最强大的国家，曾连续在整整 1000 年的时间中保持全球 GDP 冠军的称号，一直到 1820 年中国的 GDP 总量仍然占全球 GDP 总量的 1/3，超过正在崛起的欧洲各国的总和，而那一年美国的 GDP 总量仅占全球的 2%，完全微不足道，不过那时美国已经开始了自己在新产业基础上的起飞。但是从 1820 年到 1978 年这 150 多年的时间里，可以说我们国家 90% 以上的生产活动跟全球经济没有任何关系。中国基本上是一个"内向"的国家，从 1979 年开始直到 2010 年，中国用了 30 年时间基本上走完了西方列强从 1775 年以来走过的工业化之路，顺利实现了"弯道超车"，弱旅逆袭，中国和欧洲、美国基本上站在了同一条起跑线上。

但是经济的快速发展，并没有同步带动中国人心理发展水平和人际发展水平的提升，我们大多数人的心理发展水平、人与人之间的关系仍然停留在农业时代。农耕文明的理念对我们的影响太深、太长了，几乎已经深入骨髓，服从、权威、奴役，这些典型的在农耕时代给我们创造出了辉煌灿烂的古代文明的产物，深深地印在我们的集体潜意识中。在农村甚至在一线大城市，打是亲骂是爱、丧偶式育儿、不听话就不是好孩子的教育理念根深蒂固。受长时期农耕文明的影响，中国父母的教育理念主要有五个特点。

一是孩子必须听父母的话。在农耕时代的背景下，家庭里面是要有一个权威、一个大家长的，教育的理念就是孩子们要听话，要顺从。因为所有人的吃喝用度都要靠家长提供，自己是没有办法挣到钱的，父母为孩子承担一切，孩子对父母感恩。这是当时的文化背景所产生的理念。

二是父母可以对孩子使用暴力。从原始社会进入农业社会，暴力是很正常的，人类是靠暴力"起家"的，我们靠着暴力才成了地球之王，所以孩子不听话就是大逆不道，打是非常正常的。

三是丛林原则下产生的比较意识。前面说过，在资源匮乏的时候，人们才会有丛林意识，"如果你比我强壮，我争夺资源的能力就不如你，那我可能就会饿死"。所以在那个时代人们就会去比较，"我不能让他超过我，我要超过他，我要比他强大，我才可以活着"。我们已经进入了一个资源丰富的时代，每个人都有他自己的优势，互相不再影响，人和人之间不用你死我活地去比拼，大家可以共赢。但是我们的教育理念并没有更新，很多父母总是会说，"你看人家孩子学习多好，你看你就不如人家"。这是老祖宗的基因里带来的丛林意识在作怪。

四是父亲养育的缺位和隔代养育。农耕时代的特点是男耕女织，男人的体力比女人强，要在外面耕种，教育孩子的任务就落在了母亲身上，所以父亲在家庭教育的过程中是缺位的。现在有一个词叫丧偶式育儿，这其实也是我们老祖宗的传统留下来的。

五是教育的功利性和人的工具化。农耕时代的人是很苦的，没有工具和机械，为了生存，人的职业发展方向有两个：一是要适应当时的生产力，听话、吃苦耐劳，成为一个农业工具，有能力做繁重的农活；二是成为统治者，跳出农门去做官。人们读书的目的不是为了学习知识，而是为了考试，为了竞争，功利性很强。而人喜爱自由和快乐的天性是不允许存在的，所以在农耕时代，人类的教育理念是很落后的。

长期战争对教育理念的影响

远的不说，中国从清末鸦片战争到军阀混战，到抗日战争，一直到解放战争，战争持续了太久。一直到1949年中华人民共和国成立，中国才停止了长期的战争，战争让男人在外打仗，让生命和财产在顷刻之间失去。而这些都会对人的心理、教育理念产生巨大的影响。

一是会产生很多的孤儿和单亲家庭，由此造成了父亲缺位，老人介入养育的教育现象。心理学研究证明，人在婴幼儿时期失去父母或一方会产生分离焦虑。丈夫缺位，母亲会在无意识状态下把丈夫的部分功能寄托在孩子的身上，孩子在心理发育过程中就会承担本不该承担的一些压力和责任，由此会对孩子的心理发育造成影响。

二是突然的丧失会让人对未来有强烈的不确定性，而不确定性给人造成的心理影响就是不安全感和焦虑。

我有一位名叫莉莉的48岁女性来访者，她的母亲70多岁，出生于1945年。莉莉的姥爷是一个国民党军官，姥姥是一个中学教师，他们感情很好，生活也比较富裕。1949年，莉莉的母亲4岁时的一天，姥爷离开家去了部队再也没有回来，他被部队强行带到了台湾。姥姥疯了一样到处找丈夫，半年后就去世了，莉莉的母亲从此成了孤儿。4岁是一个人心理发育的重要时期，失去父母对孩子来说是巨大的心理创伤。莉莉的母亲后来被亲戚抚养长大，结婚，生了莉莉的哥哥和莉莉两个孩子。看起来，莉莉母亲的人生并没有因此受到特别的影响，但是心理的创伤并没有消失。

正如美国心理学者亨利·马西所说的："创伤和亲子互动深埋于我们的人格之中，创伤可能只是闷烧，就像看起来即将熄灭的火一样，会再次复燃，演变成我们无法预期的症状。"莉莉母亲的心理创伤深深地影响到了孩子的发展。改革开放后，莉莉的姥爷从台湾回到大陆探亲，找到了女儿一家，并把莉莉的哥哥带到了台湾，莉莉的哥哥在台湾找到了工作，也找到了一个深深爱着的女朋友。他回到家里告诉母亲，他想留在台湾和自己的女朋友结婚。母亲坚决不同意，并把儿子的护照藏起来，死活不让儿子再去台湾，哥哥伤心、愤怒又无可奈何，一直到40岁才随便找了个女人结婚，到现在都不原谅自己的母亲，不肯和母亲来往。

莉莉的母亲为什么宁肯耽误儿子一生的幸福，都不肯让儿子离开自己去台湾呢？因为儿子的离开激发了她小时候父亲突然离去给她造成的心理创伤，当时失去父母的恐惧深深地嵌入了她的潜意识中，当相同的场景出现时，极度的分离恐惧和焦虑让她完全丧失了理性的判断。不止如此，莉莉的父亲前两年去世后，再次激发了母亲的心理创伤，她对莉莉表现出了一种变态的依赖，不允许莉莉离开她超过20分钟，莉莉被迫提前退休陪伴母亲。莉莉自己的心理也受到了影响，当她的女儿找到一个外地的男朋友准备去外地发展时，莉莉和母亲一样，坚决不允许女儿离开自己，女儿被迫和男朋友分手留在了莉莉身边。

长期贫穷对教育理念的影响

我们国家从1979年开始，人们的生活才逐渐富裕起来。真正富裕的生活不过40年，长期的贫穷、资源的匮乏会对人的心理产生重大影响。

一是让人产生不安全感和不确定感，而不安全感和不确定感也会让人产生焦虑。人在焦虑的时候就会寻找确定感，而"学习好可以改变命运，可以挣到更多的钱"似乎是一个非常确定的概念。社会对于学习的过度重视和关注就是源于长期贫穷造成的内心的不安全。

二是比较意识。资源的匮乏就会让人生活在丛林原则中，"我要比你强大才能生存下去"。

三是囤积心理和财富观的影响。很多老人过度节俭，不管什么东西都不舍得扔，我有一个朋友给父母搬家时发现老人存了四十五个月饼盒子。很多人教育孩子的时候，通常也是"你要省着花，你不能乱花钱"等。我有一个30多岁的来访者，家庭经济条件并不差，但是她带女儿去超市买东西的时候，只能让女儿在吃的和玩具之间选一个，孩子特别难受，娘俩总是因为这个问题在超市生气。我问这个妈妈，"你买不起吗"？她说，"当然买得起，但是人是不能乱花钱的，我必须要限制她，不能让孩子养成乱花钱的习惯"。

这三个方面形成的教育误区我梳理出了八个，在接下来的章节中，我会逐个和大家探讨这些教育理念对中国孩子的心理产生什么样的影响。

02

误区一：听话（懂事）才是好孩子

把孩子当成"工具人"

前面我们探讨过，原始时代率先进入农业时代的人不一定是勤奋、聪明的人，而是所处地域有土地和河流的人。一个人、一个氏族只有拥有更多的土地，才能让自己有更多生存的保障，于是每个人、每个氏族都在拼命地抢夺土地。

骨子里的不安全感让人类不断地扩充土地，家族和国家都是如此。土地的扩充需要更多劳动力，多生孩子才可以有更多的劳动力。那个时候家族扩充的主要目的是增加劳动力，可以种地、打仗。劳动力是需要控制的，否则他们就不去干活。于是控制、听话成了一个家族和一个国家的主旋律。文化是为国家、为人类服务的，于是儒教就有了"父为子纲，夫为妻纲"的理论。父为子纲，讲的是在家中"公事"上，确定了父亲的领导地位，免得家中乱成一锅粥，谁都想当家做主。

艰苦的劳作下，我们有一句话叫"当牛做马伺候你"。人是被当做工具使用的，人们需要寻求心灵的慰藉，人们对大自然不了解，就会将一切都寄托在神灵身上。于是产生了各种宗教，佛教中的轮回讲的就是这辈子受苦受累下辈子就可以过上好日子，农耕时代是宗教最盛行的时代。

在这样的大环境下，人和人之间的关系、家族内的关系就形成了以下这些特色。

一是听话顺从。孩子听大人的话，女人听男人的话，家、组织和公司才有秩序，才能完成耕种土地的任务。

二是不为自己活。每个人都是为这个家而活，不是为自己而活。因为大家只有齐心协力才能有饭吃，才能活下去。

三是打、骂、惩罚。耕种土地很苦，干农活很累，人天性爱自由，受不了这样艰苦的劳作，回到家，女人要照顾男人。孩子从小就要学习耕种土地，当然不想学了，于是家长就会强迫他们。人类是从暴力出身的，打和骂这样的暴力从原始时代就有，只不过从征服和消灭变成了支配和奴役。

四是规矩多，规则少。家里立规矩不需要商量，只需要服从。关系是单向的，只有一方可以发声，另一方是不可以出声的。当时的文化也是这样，要维持这样的一种家庭氛围和社会氛围。

这也是农业时代的必然选择和重要特点，因为只有在这种社会关系下，生产效率和经济效率才有可能大幅度提高，也正是由于这样的文化和制度，才创造了惊人的古代文明。如果农业时代的人类不能通过集权和专制集中大量的人力、物力和财力，那我们今天看到的那些辉煌灿烂的古代文明也是不可能创造出来的。

但是现在社会的发展，已经不需要让我们的孩子成为工具，我们可以生活得更舒适、更轻松。孩子们不用再像苦役般劳作，他们完全不需要再按照一个模子来塑造。这个社会需要各种各样的人。

但是把农耕时代的教育理念拿到现在来，符合现在时代对人才的要求吗？

"空心病"与青春期叛逆，听话教育给孩子带来的影响

让孩子听话的背后是控制。无论是表扬还是批评、打骂，如果目的是让孩子学习好、按照自己的想法去做事都是控制。如果尊重孩子，就是无论孩子是什么样的，让孩子按照自己本来的样子去生活。

一直听话的孩子

听话的孩子小时候的表现是懂事、乖巧，家长让干什么就干什么。背后是讨好、恐惧，甚至是绝望，是孩子为了让父母高兴、满意而做出的围绕父母做的事情，是照顾父母的感受，违背自己的天性、压抑自己。一个人在一段痛苦的经历或者情绪的时候，可以调动自我功能，把它排斥在意识范围之外。也就是说，这些痛苦的东西一直都在，但是我感觉不到它们。

孩子学习很好，各方面表现很好，却完全没有了自我，失去了自我。更多的就像一个工作和干活的工具，但是问题会在未来的大学、婚姻、事业当中爆发出来。

一是觉得生活无意义，有空虚感。

二是活得累，活得小心翼翼。不为自己活，为了别人活，总觉得不快乐。怕妈妈不高兴，怕爱人不高兴，怕领导不高兴。做事情不顾及自己的感受，总是围着别人转。希望让所有的人都认可自己，特别是在亲密关系中，被抱怨后拼命解释、一直希望对方理解。

三是没有活力，缺少自我价值感。缺少独立思考的能力，工作中不能创新，做事情的目的更多的是为了让别人认可自己，得到赞赏，而不是发自内心的动力。事情也会做得很好，但是不快乐，真正的动力不是喜欢。没有创造力，没有谋划的意识。

四是循规蹈矩，思路狭窄，没有主见，不敢担当。一直听话，按规矩做事，不是按规则做事，领导让干什么就干什么。自己做决定时不知所措，总是跟着别人的意见走，怕犯错，怕被惩罚，唯唯诺诺，不敢越雷池半步。

我们身边有很多这样的孩子，即别人眼里的好孩子。

有一位已婚的女研究生，小学二年级就自己上学了，因为上学要走 30 分钟的路，所以起得比父母都早，自己洗漱后去食堂吃早饭再去上学。早上出门的时候，父母都还没有起床。她的父母因为文化程度不高，所以总希望她好好读书，在学习上对她的要求很高，打骂是常有的。三年级后她开始自觉学习，不写完作业就不玩，父母在外面看电视都不会受影响，自己学习到半夜。初中时她一直是年级前三名，考好了父母也不会表扬，只会不停地提醒她不要骄傲，考不好就会被骂一顿。当然她也如愿考上了重点高中。但实际上她没什么特别开心的，因为她觉得学习是为了父母，为了不再被他们打骂，为了他们高兴，为了他们脸上有光。如果不能考上重点高中，她就觉得特别没有出息，就看不到出路了，就对不起父母。考上了就觉得终于完成任务。这种独立、坚强和自律应该是被逼的、狭隘的、不健康的。

可能是小时候父母给她的学习压力太大，又经常被他们打击，高中开始她就特别叛逆，父母说什么都不爱听，觉得他们说的都不对，也不想和他们交流，一交流就拌嘴，因为她的"不听话"，父母反而更严厉了，又打又骂，还实行经济控制。从小没有试错的机会，总被父母保护着少走弯路。虽然现在知道很多事情不能听父母的，但她的内心是依赖的、很不自信的、保守的、懦弱的，怕自己做错、走错了，很多事情需要她自己拿主意的，总是摇摆不定，于是转而依赖自己认为"可靠"的人，比如朋友，并且很容易失去自己的判断和决定，被别人影响。

上了本科读了研究生之后，除了学习她也没有什么别的娱乐活动，不会唱歌，也没参加什么社团，不和同学出去旅行，也没有谈恋爱，想想自己的大学生活很是无趣。

我们知道了她现在性格形成的原因，以及各种弊端，就知道保护和培养孩子的自主性真的很重要。

小时候听话，青春期叛逆的孩子

孩子小时候听话，除了学习就是学习，家长一直要求的就是听话，按家长的话做。可是学习太苦了，到青春期的时候，自由的天性，逐渐强大的身体，让孩子一下子就变得不听话了。压抑的愤怒和天性，让孩子在游戏中去寻找、去释放，游戏成了孩子的寄托。很多青春期的孩子出现了逃学、沉迷游戏的问题。其实，孩子这是通过游戏、厌学在向外攻击，在自救。如果父母这时候能够懂得孩子，通过调整自己的行为，不再干涉孩子，让孩子释放出压抑的攻击性，通过自我整合，还是可以得到很好的发展。

顺应：让孩子成为他自己

在人类社会的发展中有一个现象，就是最开始人们的行为是为了适应社会的需要。比如让孩子听话，让孩子成为能干活的人。时代已经发展了，社会已经不需要听话、没有创造力的人了，但是训练、教育孩子的意识已经固化在我们的头脑里，我们已经忘了为什么这样做，只是觉得该这样做。当这样的做法遭受到孩子的激烈反对，甚至让孩子痛苦不堪时，我们仍然在指责、抱怨孩子没有听自己的话。教育的目的是适应社会的需要，如今，人活得越来越具备人的属性，而不是工具的属性。顺应孩子的天性，按照孩子的生长节奏和规律养育，而不是按照自己的想法去塑造，让孩子成为听话的孩子。这样培养出来的孩子只能适应农耕时代的发展。我们要做的是：

培养的目标不再是"工具"，而是去塑造人；塑造有情感、会沟通、有活力、有创造力的人；不再压抑孩子的天性；让孩子做一件事之前，问问孩子是怎么想的。

03

误区二：打是亲，骂是爱，不打不骂才是害

前两天和一个父亲聊天，这个父亲说："我儿子一出去玩就不知道几点回家了，昨天晚上11点多才回来，回来后狠狠地揍了他一顿！不然他不长记性。"很多父母都会说："我们家孩子也是，不打他就是记不住。"在很多人眼里，父母打骂孩子似乎是天经地义的。

打骂孩子难道是天经地义的

下面是在知乎里看到的几个孩子的自述：

我妈脾气一上来，旁边有什么就拿什么打，鸡毛掸子简直是小儿科。

我小的时候，我妈喜欢用充电器、皮带、拖鞋、针，我爸

喜欢用皮带和拖把杆。

我被打的工具也有很多，比如皮带、拖鞋、长柄伞、充电器、椅子（曾打断过一只木头的带靠背的椅子）、各种书，比如字典（《现代汉语词典》是我爸的专用工具），基本看到什么用什么，打在身上其实已经逐渐麻木了。

刚刚被我爸打了五下，都是厚实的巴掌，四下在头，一下在脸，打头的时候，我感觉头都要掉下来了。

我妈是用菜刀架在我的脖子上，逼我认错，过后我的脖子已经渗出血来了。

我爸一棍子抢过来，棍子折成了两半，我吓得三个月没有回家。

……

"求求你，别打了！"

我妈脾气异常暴躁。从小就打骂我，我上高中后个子高了，打不了了才不打。我今年 27 岁了，每每想起我躲在桌子角落被她狂踢，还是阵阵心痛，泪流不止。

我 7 岁的时候就想过自杀，但是我妈经常说"你这猪狗不如的东西还不如死了去，你看你跳楼我拉不拉你一下"，激起了我不甘的逆反心理，想着我还没报复就死了，所以最终没自杀成。我上初中的时候性格变得暴躁、易怒，成绩一落千丈，所以被很多人排挤，于是我抑郁、自残。初中第一次考试没考好，考了班里第十七名，一共六十个人，小学时我一般都考前五。我妈大怒，把我拉到理发店剪了个特难看的短发，还说可能剃个光头效果更好。我丑得害怕出门，就没心思想那些有的没的，可以躲在家里好好学习了。

被打的时候我在想，我就找个不痛的方法死了算了，现在我从事化工类工作，总想找一种毒药吃了。

我现在感觉我那时候太愚蠢，走得越远越好，就算一个人在外地漂泊流浪，过得生活质量不高，天天吃泡面，都比在家好，家里给我带来的心理折磨很难治愈，有时候深夜想起种种，还是会在宿舍的床上小声哭一会儿。

我很羡慕那些父母与孩子能和睦相处的家庭，我现在也意识到自怨自艾一点用也没有，最重要的是怎样逃离这样的环境。

那天我就坐在窗台上，已经一只脚在外面了，就搭在空调外挂机上，吹了好长时间的凉风又爬了下来，因为怕死、怕痛。有些事已经过去很多年了，可我还是对当时的情形印象深刻。

我心里真的有阴影，以前妈妈一扬手，我就吓得够呛。我害怕挨打，更是记得那种感觉，即便 10 多年过去了依然记得。

每每想到父母对我拳脚相加，我就胸闷，喘不过气来，莫名地想哭，还喜欢暴食，胃也经常难受。注意力不集中、大脑走神，经常有挫败的感觉。很麻木，也可以说冷漠。会易怒，易悲伤。

……

暴力阴影下长大的孩子，何谈未来

没有安全感、自卑、低价值感、抑郁

父母打骂孩子，孩子会感觉自己是被嫌弃的，是不好的。这样的模式一再强化，孩子在长大后总觉得自己不够好，不值得被爱。一个网友说："我很自卑，换新环境永远怕被排挤，周围有几个人小声聊天就觉得是在嘲笑我，总觉得自己不如别人，不配做人家朋友。性格极端，遇到挫折、做错事以后很沮丧，就会产生强烈的自我攻击，严重自责，严重到会抑郁。"

一个从小被妈妈打的孩子回忆说："现在我 25 岁，想到妈妈打我的事，心里闷闷的、痛痛的。我整个小学阶段，无数次因为没考好被我妈打过，仍然记得她当着全班的面，在教室后面打了我。每次公布成绩，没考好时我都害怕回家，想通过做家务给妈妈些好感，但都逃不过一打。她还会用恶毒的语言把我说得一文不值，我现在的不自信、自卑都和这些有关。高中阶段，我的成绩一落千丈，她不打我了，但会用语言贬低、讽刺我。那时我会回嘴，经常与她吵架、冷战。当时我很恨她，成绩又不好，很想死。胆子并没有随着年龄的增长而变大，反而越来越懦弱，越来越尿，越来越不自信，想依赖别人，极度渴望关爱，却又不信任别人，有些厌世，嫌弃自己生活的环境及身边的人。"

我们从上面被打孩子的感受中也可以看到，很多孩子都想过死。

性格暴躁、情感麻木、暴力倾向

很多人成为校园霸凌或被霸凌的对象，在婚姻中成为家暴或被家暴的对象。据统计，99％的霸凌事件都可归因于家庭教育。

一个从小被父母暴打的网友说："我碰到了自己不顺心和不如意的事会发狂，会开始毁坏东西。碰到让自己不舒服的人也会想打一架，想把对方除掉。内心有很多阴暗的角落，血腥到让自己害怕。也幻想过各种各样的报复计划，完善了一遍又一遍，试图让它们更加缜密。"

心理学研究证明，每个人在成长过程中都会形成一套趋乐避苦的心理防御机制，把不愉快的东西放到潜意识里面，好像它不在一样。中国所说的"自欺欺人""阿Q精神胜利法"，实际上说的是一个人面临危险或痛苦的时候，是怎样保护自己内心的，否则就会崩溃。想自杀的人说明他们的内心防御机制不起作用了。

一个被家暴后长大的人说："我对待周围的人越来越冷漠，性格越来越怪，嘴巴越来越毒。被人说过，'你说话怎么这么毒，心怎么这么坏'。"

还有一个网友说："打在身上，其实已经逐渐麻木了。被打的时候，只要放空自己，幻想自己已经在天堂，已经死了，就不会感到痛了，大家可以试一试。"

这些人被长期打骂后，变得很冷漠、无情，就是使用防御机制将自己的情感隔离了，实际上和情感麻木是一回事，就是不再有感觉。严重的被打者，就会变得冷酷。

孩子被父母打骂时，心里积压了很多恐惧、愤怒与屈辱，这些屈辱、愤怒的情绪不能够释放出来，孩子又难以承受，就会把这种感觉放到潜意识中，这种感觉就像是一颗定时炸弹，当相同的感受与场景出现时就会触发。藏着炸弹的孩了非常恐惧自己成为弱者，因为在家庭中弱者不会得到帮助和同情，弱就意味着绝望、无助和被凌辱。对成为弱者的恐惧会驱使孩子不断想要把弱者的感觉扔到别人身上，然后通过霸凌别人，强化"我是强者"的自我感觉，获得虚幻的安全感、掌控感和痛苦投射出去的快感。所以，这样的孩子就会成为校园霸凌者，也会成为打孩子的父母，男性在婚姻中会打自己的妻子，成为家暴者。他们在打别人时，是感觉不到别人的痛苦的，因为已经麻木了。

美国著名心理学家布莱克曼教授曾经研究过 3000 个对儿童实施虐待的犯罪分子，只有 2 个人有羞耻感和屈辱感，还有内疚感。这些犯罪分子都是小时候遭受过虐待的孩子。

同样是被家暴的孩子，也容易成为校园中被欺凌的对象，女性则在家庭中成为被家暴的女性。因为这些孩子在受到欺负后，不敢和家人诉说，因为不会得到支持，说不定还要挨一顿打。家长甚至会说，人家为什么就打你？更加可怕的感觉就是，已经被打惯了、麻木了，被打后不觉得是被侮辱与受害了。从小被打的人就会觉得打人或者挨打其实正常的。有些女性之所以被家暴后男方下跪认错就原谅他们，然后再次受虐，再次原谅，就是因为从小家长虐待她们的时候都会加一句：我是为你好。

难以建立良好、健康的人际关系和亲密关系

长期被打骂的孩子难以建立良好、健康的人际关系和亲密关系。这样的孩子长大后在人际关系中，要么讨好，要么排斥和攻击，不会妥协，不会认错。极度渴望别人的认同，巴不得全世界都认同。陌生人的一点好，都能把他感动很久。他会有意讨好别人，和别人在一起时非常焦虑，经常因别人的一句言语，或者一个微不足道的表情，也许别人本来没有其他意思，却能臆想出很多东西，然后就活在自己的恐慌之中，觉得自己是不是让别人不高兴了，生气了，认为"我是不是马上要被骂了"等。但是一旦和别人有了冲突、争吵，人际关系发生问题就又有种破罐子破摔的心情，想要逃离。因为和父母的模式中就是一旦得罪了父母，被打被骂，这些不愉快的感觉就来了，于是就想要逃离。

对待亲密关系也是如此，碰到喜欢的人会反复对自己说，"你太差劲了，没有人会喜欢你的"。不敢和自己喜欢的人在一起，即使在一起了，也会使劲儿作，因为不自信。女孩子很容易遇到"渣男"，因为这些人对她的一点点好和认可，她都会视若珍宝。

一个女孩子分享自己的感受说："小学时，我妈当着亲戚的面问我期中考试成绩，我回答六十几，她又当着大家的面把我按到地上拳打脚踢，没人拉得住。我上中学时有一天做作业时发呆

被我妈发现，她拿起茶杯往我脸上扔，打得我脸上一大块淤青。刚读大学那年，我生日前一天，因为我化妆（只是刷了睫毛）、剪了斜刘海，被我妈拿起椅子打倒在沙发上。也是这个原因，我在青少年时期经历了很多荒唐的感情，13岁就和一个来我们城市打工的人谈恋爱。因为从小缺爱，只要有个男人对我好一点，我就死心塌地、以身相许。我妈曾说：'让你离家出走的那个人家里连空调都装不起，天天只能吃泡面，你这一个礼拜怎么过得下去？'我的回答是'他对我比你对我好多了'。"

长期被打骂的孩子学习时不能专注，注意力不集中。

孩子总是被打骂，就会被当下恐怖不安的情绪所淹没。对应到神经科学，这样的孩子大脑当中的海马体会偏小，杏仁核会偏大。也就是说孩子的记忆力会下降，对环境非常敏感，容易紧张、惊恐。大量的挫败导致了情绪上时常害怕被指责、被羞辱，害怕本身就会造成焦虑。而由于人类的大脑及高级思维能力是以稳定的情绪能力为依托，情绪调节能力薄弱，大脑就无法集中精力理性思考问题，这就导致了上学考不好，工作做不好，做不好了又被指责，然后陷入恶性循环当中。虽然每个孩子的智力水平有所差异，但每个孩子在温暖、安全的环境之下都能发育出正常的情绪调节能力和思维能力，如果一个成年人表现出来懒散、拖延、无所作为，那并不一定是他先天如此，而是因为这些能力被压抑没有发展出来。

你到底为什么打孩子

（一）农耕时代的认知

我们认为"孩子不打不骂不成才"。人类的起源从原始时代就是暴力征服和消灭，到了农耕时代就是暴力支配和奴役，支配动物、奴隶、家人。暴力是为了支配、奴役和控制他人而使用的一种强者对弱者的武力攻击行为。为了吃上饭，打完孩子，我们还常常会加上一句："我这都是为了你好！"

（二）父母自身的焦虑

父母打骂孩子更多的是父母想让孩子改变、听自己的话，本质上是不能控制、没有改变之后的情绪失控，不了解孩子的发育规律，不了解孩子的特点等。

（三）原生家庭的创伤

一般来说，打孩子的父母都曾经是被自己的父母打过的，父母自己藏在身体内的小炸弹在情绪失控时，在面对比自己弱小的孩子时，就开始爆炸了，自己就变成了施暴者。父母若想终止原生家庭在自己身上造成的创伤，不再让孩子承受自己所遭受过的痛苦、恐惧与屈辱，就要通过学习，改变自己的认知，看见孩子的需求，了解孩子的发育和成长规律，消除不必要的焦虑。同时看清自己的模式，在自己的焦躁情绪来临时觉察一下：这样做，真的是为孩子好吗？

04

误区三：伟大的母爱，只要你过得比我好

曾经看过某著名演员和其母亲的一次访谈节目。

妈妈每天早晨四点起来为儿子熬梨汁，一坚持就是十年。儿子到哪儿，她到哪儿，她的电磁炉也跟到哪儿。她似乎不觉得累，反而乐在其中：我的宗旨就是，不管儿子走到哪里，都会给他提供一个温暖的厨房。

以前的节目中，该演员也说起过，妈妈每天都会为他做鲜榨果汁，就算是在外面，也必须赶回家喝掉，才能继续去做自己的事。这让他都开始怀疑：我在你眼里还是个人吗？还是就是一个桶？

旁人觉得难以置信，妈妈却非常自豪：我是用整个生命去对待我的儿子。而该演员认为"我完全没有自我"。

　　节目开播之初，妈妈说，儿子要求她不要把他描述成"妈宝男"。妈妈反问"妈宝不可爱吗"？

　　生活之中，妈妈的付出已经让人窒息。在儿子的感情方面，妈妈更是"凭实力让儿子单身"。节目中妈妈就罗列出了对未来儿媳的标准：穿着不能暴露、要顾家、不能喝酒、生活有规律……之后更明确表示：男女分工不同，女的就应该做贤妻良母，既然愿意进门，就要担起责任。

　　访谈节目的嘉宾无法理解，感叹男耕女织的年代已经过去很久了。其他女嘉宾也委婉地告诫女性朋友：一定要充分了解对方家庭之后再选择嫁不嫁。

　　妈妈强调说，她了解儿子的每一段恋情，并且干涉其中。而该演员的两段恋情都以失败告终，年近四十的他，至今仍然单身。这两段恋情的失败很难说与他的妈妈没有关系。

　　多年前接受采访时，该男演员提到，妈妈的无微不至，已经让他不敢反抗。从2010年到2018年，他参加综艺节目时，至少有三次提起"妈妈的爱让他压力很大"。

　　姐姐看着妈妈的"无私奉献"，对婚姻充满恐惧，她害怕承担不了结婚后的责任，所以至今未嫁。

妈妈也知道，儿子就算结婚可能也是为了满足她的心愿。

这样的母亲，这样的贤妻良母，对孩子来说是压力，而不是爱！这样的爱会让人窒息！

在我们的观念里，很多父母特别是母亲，都把"一切为了孩子"视为很高的品德。她们为了孩子、为了家牺牲自己的一切，置自己的人生于不顾，完全为了孩子、为了家而生活。我周围的亲戚、朋友有很多这样的人，过年过节在一起聚会，聊的话题最多的就是孩子，然后就是丈夫。给我的感觉就是，她们的人生中只有孩子和丈夫，自己的人生、事业完全没有！可孩子并不领情，反而想逃离！丈夫也同样想逃离！

中国母亲的这个现象是从何而来的，又会对孩子造成什么样的心理影响呢？

"伟大的"母亲和"忘我的"妈妈

生活的主要内容就是孩子，其次是丈夫。任劳任怨、事无巨细、包办代替。

总是向孩子诉说自己的不容易和辛苦，抱怨、指责丈夫和孩子不懂自己。

母婴间隙理论

英国著名精神分析学家、客体关系理论家温尼科特，40 年都在英国一家儿童医院工作。二战期间被政府指派去儿童避难所工作，直接帮助了 64000 对母婴。由于他的杰出工作，在战争结束之后，两代人的婴儿受到了非常好的心灵护理，这对重建英国这个国家有不可估量的好的影响。弗洛伊德的经典精神分析理论，更多的是从病理学，从心理治疗的角度谈人格如何发展的问题。温尼科特的成熟过程理论与前者不同，它更重要的是从人类健康的角度上，说清楚了健康的人格和情绪是如何成熟和发展起来的，也就是说成熟的过程理论回答了一个婴儿在什么样的环境中，经历了怎样一个成熟的过程才发展成为一个健康的、完整的、统一的人。温尼科特的理论更多强调的是，在养育过程中如何给孩子创造一个良好的养育环境，让孩子适合生长。

温尼科特认为：婴儿和母亲之间、孩子跟家庭之间、个人与社会之间，甚至不同世界或者民族之间都应该有一个间隙。每个人都是独立的个体。成长的过程就是孩子的内心发育程度跟妈妈的距离（间隙）的大小。当孩子小的时候，间隙可以小一些，妈妈要全然响应。孩子越大，妈妈越要放手要离开，否则孩子就会发育不好。过近，就会导致孩子成长得不充分。

能否和孩子在不同的时间段有恰当的间隙距离，就是一种父母是否信任孩子的体验。

足够好的妈妈

非常糟糕的妈妈是 0 分；

完美无缺的妈妈是 100 分；

足够好的妈妈就是 60 分。

糟糕的妈妈——在婴儿感受到巨大的恐惧和绝望的时候还没有出现。

完美的妈妈——在婴儿往高处爬还没有感到任何恐惧时，就把婴儿抱下来。她让婴儿丧失了一次体验自己的焦虑和恐惧的机会。一个孩子在完全没有威胁的情况下长大，他可能在人格上面是弱不禁风的。长大以后，存在人格障碍和精神分裂的可能性就非常大。追求完美是无法忍受屈辱感，当一个妈妈要求自己完美的时候，她会把自己的不完美投射给她的孩子，然后孩子会越来越糟糕。

60 分的妈妈——在婴儿到达高处，在感到极度恐惧并且要达到绝望状态的时候，妈妈走过来把婴儿抱下来，让他处在安全环境之中。这让婴儿体验了安全和危险，也体验了失望情绪，但没有达到绝望的状态。反复这样做，孩子会有强大的信念和力量，"在我最糟糕的时候，一定会有人帮我"。这样培养出来的孩子人格就会健全。

60 分是我们处理所有关系的标准。你只要试图做得完美，就表明你没有办法承受自己做得不完美的屈辱感。那你可能把所有不好的东西都投射给他人。换个方位，如果我跟一个人打交道，觉得他完美无缺，那么这个关系中的问题就要我一个人承担，这不公平。最好的关系不是完美的关系，双方都承受一些不完美，压力就不会集中在一个人的身上，在这样的关系里面待着就是舒服的、轻松的、好玩的。这个道理也可以用在夫妻关系之中。

如果父母对孩子没有基本的信任，就导致过近的距离。他们就可能需要 24 小时监视和控制孩子，孩子的感觉就是被吞噬。

认知局限与投射

认知上的问题，总觉得孩子离开自己不行

人本主义心理学认为，每一个人在没有任何外界强制性的控制下，他会自动地选择被主流社会所认可，成为健康的人。父母们要把这种理念嵌入到自己的灵魂，这样就不会过度控制和干扰孩子的成长。我们在前面也讲过，孩子就是大自然中的

生命，天生就是有生命力的，是向上的。

是自身无价值感、无助、无力的投射

"我自己是没有价值的，我需要把我的价值寄托在孩子身上、丈夫身上实现"，这种想法主要来源于农耕时代。

男耕女织，女人在家就要做贤妻良母，女人的主要工作就是照顾孩子和家。

女人没有经济来源，经济不独立，必须依赖丈夫。孩子长大了，依赖孩子，孩子就是自己的一切，于是把自己的所有都寄托在孩子身上。

重男轻女观念比较严重时，女人是被欺压的对象，没有自我，对丈夫、对婆婆心里有很多的怨气，无处诉说，只能说给孩子听。

战争让很多男人在外打仗，甚至战死，让女人更加无助，加剧了这种现象，导致很多母亲和孩子共生共存。

长期的贫穷让母亲养育孩子的过程充满了艰辛。

在那样的社会背景下，女人已经习惯了这样一种生活方式，代代相传，养成了照顾家庭、照顾孩子，围着丈夫和孩子转的思维方式和生活方式。

挣脱，也许孩子并不需要

"伟大的"母亲和"忘我的"妈妈对孩子心理发展的影响有三个方面：

第一，不独立、无价值感。第二，没有创造性。第三，不能走入亲密关系或不能建立良好的亲密关系，给孩子造成非常大的负担，成为一个"妈宝男"。

每个孩子都像是一只小鹰，向往自由，向往蓝天，希望能自由自在地飞翔，这是人类和动物的本能。如果小鹰的妈妈从小就用一根绳子将自己和小鹰绑在一起，小鹰长大后，一定不会轻轻松松地飞高飞远，因为他要带着妈妈一起飞，他不能飞走，也不忍心飞走，觉得自己飞走会对不起妈妈，可是向往自由的天性又让他想独自飞翔。这样的孩子潜意识中对妈妈充满了愤怒，因为妈妈绑住了自己的翅膀，同时又充满了自责，觉得自己走了会对不起妈妈。

和青春期的叛逆一样。叛逆的孩子就是想要和父母对着干。但是他对抗争妈妈的控制过于投入，以致忽略了自己真实的需要是什么。对他来说，最重要的目的就是摆脱妈妈，所以任何会满足妈妈想法的事情，都会使他产生自己又和妈妈捆在一起的感觉。为了摆脱这种感觉，他要做和妈妈的愿望相反的事情，这样他才会有终于是做自己的感觉。用叛逆的方式做自己，是为了反抗父母的控制，为了达到反控制而不顾一切，这往往阻碍了孩子的成长。所以当你越是干涉孩子某件事，孩子可能会在这件事上做得越来越差。

给妈妈的忠告：多为自己而活

人类已经进入智能时代，平等、双赢，无论强者还是弱者，男人还是女人，都有可能通过自己的努力而胜出。这不再是一个靠体力吃饭的时代，每一个人独特的个性真正开始发挥出来。妈妈们只有自己先做到，孩子才可以做到。不等不靠，让自己站立起来！成为一个独立的有自身价值的女性。

我国著名心理学者曾奇峰曾给《母婴关系创伤疗愈：早期创伤影响孩子的一生》这本书作序，序中写道：很多母亲说，孩子的健康快乐，就是我的幸福。这是一种伟大到无私的母爱，但同时也是既伤害孩子又伤害自己的"人格捆绑"。在这样的关系中，似乎孩子需要对母亲的幸福负责，所以必须"刻意"地处于健康快乐中，连体会一下不快乐的权利都没有了。母亲也因此丧失了独立享受人生的机会，完全成了孩子生活的旁观者，没有为自己活着。母亲和孩子连在一起，的确有令人陶醉的温暖和甜蜜，却少了两个独立人格屹立在地平线上的健康、大气和壮美。

多为自己而活，把自己变成一个轻松、快乐的人，是母亲能够给予孩子的最好的礼物。

05

误区四：父亲缺位，世上只有妈妈好

在中国家庭里，只要孩子出生就成了全家的焦点，此时最显著的特点就是：丈夫靠后、老人向前，家庭关系一下子就变复杂了。中国孩子常见的主要养育者有：

妻子和自己的母亲（孩子的姥姥）

妻子和自己的婆婆（孩子的奶奶）

老人（留守儿童）

妻子和保姆

全职妻子

中国的隔代抚养率在全球是最高的。据不完全统计，中国5000万个城市家庭中约有2/3以上，孙（或外孙）子女的抚养和照看需要依赖老人。比如在上海（中国城市化最早和城市化率最高的地区），那些有 0～3 岁婴幼儿的家庭中，有将近 90% 有老人参与抚养教育第三代，超过 3/4 的祖辈与他们生活在一起。在北京有 70% 左右的孩子接受隔代教育，广州接受隔代教育的孩子则占到近 50%。有研究表明，95% 以上的家长没有学习过如何教育子女这门学问，而隔代家长的比例接近 100%。

这种情况就造成了中国育儿的两大特色，一是父亲缺位，也就是我们常说的丧偶式育儿；二是老人介入养育，或老人代替养育。有一位在北京的以色列心理咨询师说：中国人和以色列人一样，很重视家庭，很重视亲情。但是以色列人的上一辈人不会参与下一辈人的家庭生活，包括育儿，以色列的男人都非常主动地和妻子一起带孩子。而很多中国家庭有老一辈人帮助带孩子，这样丈夫和父亲的角色就退出了家庭，影响了孩子的健康发展，因为孩子的健康发展需要父亲在场。

"男主外，女主内"的时代过去了

认知的误区

受农耕文明的影响，男主外女主内。男人在外种地养家，女人在家带孩子管家。

从男性角度来讲，很多男性在认知上认为"我是男人，我要拼事业""我只要挣钱就行了""带孩子是女人的事情，与男人无关"，或者"男人天生带不了孩子"。但事实上是，现在的社会，女人不是没有挣钱的能力，她们也一样在工作，有些女性比男性挣钱还多，现在已经是夫妻共同挣钱养家，共同抚养、照顾孩子的时代了。

再说会不会带孩子的问题，妈妈们也不是天生就会带孩子，都是在学习和实践中一点点摸索和熟能生巧的。那些育儿公众号或者妈妈群里都有妈妈们在问很多关于养育孩子的问题，她们也是在学习和练习中逐步学会带孩子的。

但是从另一个角度来讲，女性在这方面同样有认知误区。

很多新手爸爸刚开始也很有热情，想分担带孩子的工作，但是他们发现家里常常出现这些情况。

情况一：孩子出生后，家里一大堆人，带孩子的有孩子的妈妈、孩子的爷爷奶奶、外公外婆，有的家庭还会有一个月嫂或保姆。一个孩子哪里需要那么多人照顾？人多活少，哪里有需要爸爸干的活呢？

情况二：当爸爸想给孩子换尿布时，奶奶或者外婆往往一个箭步冲上去说："我来，我来，你一个大男人哪里会做这些事情！""你上班辛苦，赶紧休息去吧！"于是，爸爸就待在一边玩手机、看视频、玩游戏去了。

情况三：当爸爸们刚开始照顾孩子时，家里的其他人，如外婆、奶奶、孩子的妈妈，尤其是妈妈总在一旁挑剔和打击他："哎呀，你放的洗澡水太烫 / 太凉了。""纸尿裤穿成这样会漏尿的。""你抱孩子的姿势把孩子弄不舒服了。"这些其实还算轻微的打击，爸爸们还没有那么脆弱，就被打击倒了，但是妈妈们经常会发出更加严厉的批评和指责："你这人怎么这么笨啊！""这点事情都做不好！""尽会帮倒忙，让你做还不如自己全干了！""你怎么这么不靠谱啊！"

我一个男性亲戚说：一开始我也给儿子辅导过几次作业，结果老婆回来一看，勃然大怒："你怎么辅导的，错了这么多，都没有按照老师的要求写。去了学校，儿子铁定要挨训了。"我默默地看了一遍，发现的确漏掉了一些问题，只好投降认输。老婆撂下一句，"以后再也不用你检查了，只会帮倒忙"！

家里的女人要么不让爸爸们插手育儿的工作，剥夺其参与的机会，要么就是否定和批评爸爸们的表现，在各种负面心理暗示和否定、批评、打击下，再加上人性都是喜欢偷懒、依赖、害怕困难的，爸爸们索性就什么都不做了，不做自然就没有训练的机会，然后就更加不会做，做不好，于是更加被否定和打击。最后就形成了男人更加不参与，女人更加嫌弃男人"没用"的局面。

丧偶式育儿的局面很多时候是男人和女人"共谋"出来的，

女人将男人排挤出育儿队伍，男人顺势逃避育儿的责任，而女人从中获得价值感和优越感，男人从中获得舒适感和解脱感。

很多女性面对男人参与育儿这个事情本身是非常矛盾的，一方面希望男人多分担，另外一方面又各种鄙视和嫌弃对方的分担行为，甚至有的女性会害怕对方育儿的工作比自己做得好，她们恨不得自己做了所有的事情，以展现自己的价值和能力，但是又会因为自己做得太多、太累而心怀不满和怨恨。

男性自身的特点决定了其进入父亲角色的速度较慢

女性比男性多了十月怀胎，用来做好当母亲的准备（其实，十个月的准备还不够），也因为孩子作为胚胎在女人的身体里慢慢成长，女人比男人天然的，也更容易感知到孩子的存在，所以女人比男人更快进入父母的角色。

而男性由于缺乏初期的怀孕和后期的哺乳这样直接与孩子进行连接的方式，他们跟孩子的关系更多地需要靠后期"培养"，而很多男人又不知道怎么去和一个不会说话的小婴儿去培养感情，进行互动。

我问过一些男性，有的人坦言，当孩子会说话的时候（差不多两岁），他们好像才有了"当父亲的感觉"，因为这个时候他们认识孩子的时间也比较长了，孩子会喊"爸爸"，语言能力发展到可以和大人交流了。

爸爸去哪儿了？爸爸必须回归

父亲的缺位会给孩子造成四个方面的影响：

第一，根据心理学的依恋理论：婴儿伤心或恐惧时最依恋母亲，而在游戏时最依恋父亲。

父亲更爱与孩子玩闹，孩子和父亲一起游戏时会产生心理上的安全感，进而对父亲形成一种强烈的心理依恋，这种依恋能使孩子摆脱情绪上的失调和缭乱。孩子在探索外部世界时，如果确定可以得到父亲的帮助、保护和支持，孩子得到激励、克服缺点和学会利用机会的需要得到满足，尤其是在有压力的情境下，得到安慰的需要被满足的话，就可以开放地应对外部世界。如果 5 岁前父亲缺位，不带着孩子玩，男孩由于失去了适当的性别行为榜样，其行为缺乏男子汉气概，要么过于争强好胜，要么唯唯诺诺；女孩则会由于失去了感情的纽带，不利于独立以及自信心的增加。

我的儿子小时候在家里都是找妈妈，一出门就找他爸爸，两个人在家里玩枪、"打仗"，不亦乐乎。

第二，孩子在 3～6 岁时会完成性别认同，即男孩向父亲认同，女孩向母亲认同。

如果这一过程正常，则发展出正确的男女行为特征及合理的男女情感关系；如果孩子童年时父亲角色缺失，或者与父亲的关系存在问题，这些未解决的冲突会被带入成年，影响着子女对男性的看法和亲密关系的发展。其特征可能会过分男性化、女性化，或性偏离。

父亲的缺位，可能会造成男孩与母亲关系过于亲密，就像我们上节课讲过的一样，可能会出现"妈宝男"的现象。

父亲缺失对于女儿来说，最容易产生恋父情结，女儿成年后可能会因为没能形成早年的相处模式而在与男性的交往上产生问题，比如会过度渴求或者回避、惧怕与男性的接触等。

1. 自卑、自我认知低

淘淘的爸爸也算是个文化人，但却是个只顾自己的人，不管家，经常不在家，在家的时候很粗暴，一切行为都要按他的意愿。淘淘到现在没谈过正经恋爱，不懂怎么和男生相处，且性别意识时不时处于混乱中，时常怀疑自己存在的意义，没有自主意识。她不会和朋友相处，不会去主动找谁，因为怕自己在别人心里没那么重要，怕被拒绝，所以从不主动。有人如果表现出很喜欢她，想跟她交朋友，她能付出自己所有。和男朋友在一起时，完全没有自主意识。

2. 找一个类似于父亲的人来爱

一个得到父爱很少的女孩在婚姻恋爱中，尤其是初恋，会找一个成熟得如同父亲的男人。

娜娜的父亲是个很好的人，为了赚钱长年累月在无人区工作，一年待在家的时间只有 4 个月。娜娜以前没有什么感知，只是觉得想让爸爸陪，却不敢说出来。她胆小、害怕、懦弱，和男生在一起时就会紧张、手足无措。她现在 19 岁，不喜欢同龄男生，十二三岁到现在都喜欢比自己大很多的男性，特别喜欢"硬汉"类型的男生。父亲角色的缺失导致她现在要强到变态的程度，青春期经历过几次不好的冲突。由于爸爸不在身边，很难和男性保持良好的关系，她过于喜欢那种强势的男生。

3. 婚姻不幸福

在和父母的相处模式中，女孩会觉得自己是不值得男人爱的，于是在两性关系中反复验证这一点。

思思刚结婚的时候和丈夫的关系特别好，由于她特别不自信，在夫妻关系中各种折腾，后来丈夫就真的在外面有女人了。

第三，孩子的社会化能力会降低。父亲使用的语言更复杂，使孩子更社会化，为他走进现实世界做准备。

第四，增加妻子的焦虑程度，使孩子的情绪不稳定。父亲支持妻子，可以使孩子的情绪更加稳定，更有能力成为孩子的情绪"垃圾桶"。

告别丧偶式育儿

要从根本上改变"男主外、女主内"的认知，具体的做法有以下几种。

主动让丈夫参与到养育孩子的过程中来

女性可以从孕期开始培养丈夫与孩子之间的感情，尽量多的让丈夫参与孕期的事情，帮助丈夫更快、更顺利地进入父亲角色，比如听胎动、陪着去产检、上孕妇学校的课等。

孕期需要多次和丈夫讨论孩子出生之后养育的问题，定好夫妻共同承担分工合作的未来生活基调。还可以与丈夫一起憧憬孩子降临之后的生活，"我们一起带孩子逛公园，你给我们拍美美的照片"，这样也可以帮助丈夫更快地进入父亲的角色。

孩子生下来后，不要将丈夫排挤出育儿的队伍，要给丈夫带孩子的机会，鼓励他与你一起或者让他单独带孩子，多认可和肯定他的表现。

在孩子刚生下来的几个星期里，我也很多次将丈夫排挤出育儿队伍，总是嫌弃他这做不好，那做不好，经常采用以偏概全的方式说话。"你看，给孩子冲的奶粉温度太高了。"（其实他每次都试来试去的很尽心）。"你给宝宝洗屁股总洗不干净。"（其实他不是没洗干净，只是洗得没有我想要的那么干净）。

"你怎么这么大劲儿啊。"（我总担心他弄疼孩子，其实人家已经小心翼翼了）。

后来我意识到自己这样的方式有问题，于是努力控制自己吹毛求疵的态度，多多肯定丈夫的付出，对他表达自己的感激之情，常常对他说："多亏了你，孩子才长得这么好。""你有劲儿，抱孩子抱得真稳，孩子很舒服！"

慢慢地，关于育儿的那些工作，换尿布、给孩子洗澡、陪玩、做辅食、哄睡没有哪一样是丈夫做不了的，我出差一周，他也能将孩子照顾得很好！

所以妈妈们还要允许丈夫试错，学会多多鼓励和认可丈夫，懂得感谢和肯定他的付出，给予他行为上的正强化，这样会换来丈夫更多地参与育儿工作。

改变和丈夫的沟通方式，直接、明确提要求

女人说什么，男人才会做什么，这样的情况并不全是因为男人不想做，而是他想不到要做这些事情（神经比较大条，关注点和女人不同），或者他不敢做（怕做不好挨骂）。在心理咨询和日常生活中，我注意到很多女性总是不愿意直接表达自己的需要，而是默默期待男人主动来满足自己，或者她们习惯用抱怨、指责的方式表达需求。我一个女性朋友一到结婚纪念日、自己生日就等，等着丈夫安排，丈夫有时候忘了，自己

在家默默掉眼泪，怪丈夫不懂自己，在带孩子这件事上也是如此。比如："外面冷，出门时你为什么就不知道给孩子加一件衣服？""孩子的手这么脏，你就不知道给他洗一下？你做事情怎么这么不靠谱？"

没有人喜欢被指责和批评。像这样报怨、指责、提要求的方式，会让男人感觉很烦，越加躲懒和逃避做事，亲密关系也会受到不良影响。与其质问男人"出门时你为什么就不知道给孩子加一件衣服"，不如直接说"外面冷，你给孩子加一件外套吧，就那件黑白格子的外套"。

直接和简单地提要求是和男人有效沟通最好的方式。

分工明确，相互合作

可以和丈夫做一个分工，划个道出来。我们家一直是这样的：我值前半夜，丈夫值后半夜，分工合作，就挺好的。孩子上小学时，我有耐心，就辅导孩子写作业，他送孩子上兴趣班。我们还设定周日是一家三口在一起的日子，所有的工作必须放下，一起陪孩子玩。

让丈夫用他自己的方式带孩子，不介入他和孩子的关系中，不要在孩子面前抱怨

每个人都有自己带孩子的方式，我们要尊重男人带孩子的

方式。很多女人总是干涉男人育儿的方式，要对方按照自己的方式来，男性自然有男性的特点和作用。

很多学习过心理学知识的妈妈们说，自己通过学习改变了，可是丈夫还是不改，于是和他吵架。父亲和孩子的关系让他们自己建立，妈妈只需要客观评价。对孩子可以客观评价父亲，但是不要贬低。父亲如果做得不对，可以说"我也不赞成爸爸的做法，他这样做，确实是伤害到你了。但是爸爸也是一个人，他也会有坏情绪，有时候是控制不了自己"。

养育孩子不容易，需要夫妻团结协作，彼此配合。这个配合也不是孩子出生就自然形成的，而是需要一个磨合的过程，也许这个过程中会有冲突、摩擦，甚至有很多委屈的眼泪和无奈的妥协，也考验我们自己学会放下控制、接受差异、解决问题的能力。

但是请相信这一切都是值得的，它会让我们成长为更好、更成熟的父母。

06

误区五：隔代养育，父母功能的"外包"

老人帮助带孩子主要是在孩子小的时候，特别是在 0 ~ 6 岁期间。这个时期我们讲过，是孩子性格形成最重要的时期，给孩子一个稳定、和谐的环境是最重要的。

隔代教育最主要的问题就是由于育儿理念的不一致而导致的婆媳矛盾，进而发展到夫妻矛盾。家庭关系复杂形成了一个对孩子不利的成长环境。如果夫妻能独立养育孩子是最好的，但是绝大多数的家庭中，老人介入养育似乎又是不可避免的。前面我们讲到过，中国 5000 万个城市家庭中约有 2/3 以上，孙（或外孙）子女的抚养和照看需要依赖老人。这似乎成了一个社会性的问题和认知。

老人介入养育有认知问题，更多的也是现实问题。

一是一方工作不足以养活全家，必须两个人一起工作才可以；二是收入雇不起保姆，同时保姆存在安全问题、文化水平问题；三是女方不愿意放弃自己的职业生涯。

面对这种情况我们怎么办？首先要明确几个原则。

孩子是你的，不是你婆婆的，也不是你妈妈的

老人帮你带孩子，你要领情，不要觉得这是婆婆（或者妈妈）的事。老人给你带孩子是帮你的忙，养育孩子是你和爱人的责任。

你要成为孩子的"保护神"，成为孩子情绪的"容器"，成为孩子的底线

这是孩子性格养成的重要时期，我们既然学习了，知道了，就不愿意让孩子再受到不恰当的对待。

不认同老人的养育方式或理念的时候，比如当面说孩子不如别人。这个时候要敢于指出老人在养育过程中存在的问题，不要评判，客观指出。

当然也不用太担心，孩子都有很强的修复力。要明白，没有任何两个成年人对待孩子的方式是完全一样的。比如我和儿子在一起时，我给他的爱，我规定的界限内所形成的自由，和

他爸爸、爷爷奶奶、姥姥姥爷和他在一起时，肯定是不一样的。

只要你自己心里清楚：孩子就算在其他家人那里遭受了控制，比如不让乱爬乱摸，不让吃手等，你要让自己成为孩子的底线，成为孩子心中那个最温暖的支持和阳光。孩子即使是受了一些委屈，在你这里也可以放声大哭，安然喘息。你要让孩子明白，"妈妈（爸爸）这里，永远是你的避风港，永远支持你"。一个孩子，只要他的生命中，特别是生命早期，有一个充满包容的养育者在，有那道爱的光在，不管孩子经历了什么，心中都有光明和希望，他的生命力就依然会在那里。你要坚信有你在孩子就可安心，你的孩子经由你已然经历了最好的成长。

家庭秩序不可错位

在这个过程中，孩子的妈妈如果是和姥姥一起带孩子，相对单纯一些，娘俩吵个架，不会介入到夫妻关系中来，而和婆婆就不一样了。我的婆婆是比较通情达理的，所以我指出问题以后，她就基本按照我的要求来做了。有的婆婆就比较强势，一定要按照自己的想法去做，而且有的婆婆就会把婆媳之间的矛盾说给儿子听，让儿子左右为难，最后影响到了夫妻关系。

在家庭关系中，正确的家庭秩序是至关重要的。第一是夫妻关系，第二是和孩子的关系，第三是和父母的关系。夫妻关系是家庭里的"定海神针",如果不把夫妻关系摆在家庭关系中的首位,必然会出现各种扭曲的后果。而在中国传统中,父母为大,父母的重要性大于妻子。女人在婚姻关系中经常会感觉自己不被丈夫重视,情感缺失,于是有了孩子之后,自然地将情感全部寄托在孩子身上。

夫妻之间关系不好,妈妈就容易向孩子倾诉、诉苦,向孩子述说夫妻关系中的矛盾,工作中及生活中的麻烦、压力,无意识地鼓励孩子替代伴侣来陪伴自己,希望孩子的世界以自己为中心。特别是对男孩来说,有时候就代替了丈夫的部分职能。这种错位一方面让孩子感觉自豪,"看我多重要,妈妈爱我胜过爸爸";另一方面也会使孩子不能安心做孩子,而要承担母亲对父亲的情感需要,孩子都天然地渴望为父母排忧解难,同时又没有排忧解难的能力。若父母向孩子倾诉成人世界的麻烦、苦难,必然给孩子造成巨大的无力感:"我居然没有能力替父母排忧解难。"这就是"伟大的"妈妈和"忘我的"妈妈给孩子造成的影响。这样的孩子长大后内心会不堪重负,心理学上称这种情况为"被吞没"创伤。孩子在意识上会认为:妈妈辛苦养大我不容易,孝顺是最基本的道德底线,我要补偿给妈妈幸福的晚年。在这种情况下,当自己的妈妈和妻子产生冲突时,就会总站在妈妈这一边,和妻子发生冲突。有一个"妈宝男"的丈夫,很容易就养出一个"妈宝男"儿子,这种模式是会复制的。

婚姻不易，不能轻言放弃。但是也不能给孩子造成创伤，所以如果遇到强势的婆婆，一定要坚持自己的原则，和丈夫搞好关系，和婆婆划清界限。

我有一个女性朋友，婆婆很精明能干也很强势，把家料理得井井有条，在家里大事小情都是她做主，所以刚结婚有小孩的前几年时间里，婆婆习惯性地什么事情都要管，我这个朋友也是非常有主见的人，不喜欢婆婆插手，因此和婆婆的矛盾非常多。每次争吵都是因为一点鸡毛蒜皮的小事情，婆婆把事情搞大，借此来引起自己儿子的注意，一把鼻涕一把泪的发泄自己的情绪。

她的老公还算是有主见，就事论事，有时候站在我朋友这边，有时候站在他妈那边，站在我朋友这边的时候，他妈妈就开始述说自己养育三个孩子是多么不容易，说自己的老公是多么懒多么笨，表现出很可怜、很无辜的样子，让儿子内疚。

我这个朋友内心还是很稳定的，和老公从大学开始就谈恋爱，感情也很好，彼此也很了解。大多数发生冲突后都不会像婆婆一样发泄，也不说婆婆不好，只是从利于孩子，从界限感的角度跟老公谈和婆婆的冲突，谈这样对孩子的影响。她老公也是个明事理的人，看到我朋友从不说婆婆的不好，而总是婆婆说妻子不好，就很客观，无论婆婆在背后怎么说她不好，她老公最终还是站在她这边多一些，婆婆见状也一步步妥协，待孩子上小学后就搬走自己住了。婆婆现在也摆正了自己的位置，不再干预他们的事情和任何决定，偶尔管管儿子的生活作息，儿子不听，她也不再多管了。孩子上小学之前的那几年，我的朋友真的是很不容易，但她始终都没放弃过，一直坚持自己的界限和原则，有时候觉得特别委屈，但是她坚持不评判婆婆，就是客观说出自己的看法，而且坚持自己的底线不放手，既维护了和老公的感情，也让孩子得以健康成长。

在这场抗争中，自我的界限感、自我负责的态度是基础，夫妻感情稳固是核心，如果不是另一半的支持，也很难如愿。

如果实在是和婆婆处不来，自己的内心又不是那么强大的情况下，我觉得要果断不用婆婆帮忙。如果自己父母靠得住，可以请他们帮忙，也可以看看自己的亲戚、朋友有没有能帮上忙的，哪怕多给些报酬，或者找靠谱的保姆。

不要犹豫，也不要怕，因为孩子是最重要的，如果真的爱孩子，就自己咬咬牙扛过去，自己想办法，再累再麻烦也尽量不与老人发生冲突，这不但会直接破坏你们的夫妻关系，更会对孩子的人格产生很大的影响。

无论如何处理，要记住：在这种家庭关系中，要将孩子的世界和成人的世界分开，孩子只需要做孩子，大人自己处理大人的麻烦。如果孩子为父母、为家人感到担心，我们可以告诉孩子："大人之间的事情会自己处理，请你放心。"这样孩子会有踏实的安全感，能够专心发展自己，同时学习到父母自我负责的态度。

07

误区六：攀比心理，别人家的孩子好

从孩子出生我们似乎就进入了一种焦虑状态，孩子长得高不高？体重多少？爬得好不好？多大会说话？多大走路？什么时候开始上早教？上学后，孩子的学习就成了每个家庭关注的焦点，也是最大的焦虑，作业、成绩、排名每天都在牵动着家长的心。

本来心情挺好，可是突然听到其他的孩子考的比自己的孩子分数高，心情立刻降到冰点。大多数中国人好像都爱比较，同学聚会、节假日聚餐，人们在一起时比谁的官大，比谁挣钱多，比谁家孩子学习好。

说到底，求学期间比的是学习，上班以后比的是权和钱。

这样的比较使得成年人总是处在焦虑中，我们把仕途和财富的压力及不确定感的焦虑转嫁到了孩子身上，似乎孩子的学业好，我们就有了希望，就有了一个可以掌控的目标，而这样的期望使孩子在求学期间不堪重负。

丛林意识，资源有限滋生攀比

攀比心理、见不得别人好其实是一种丛林意识，丛林意识本质上是一种恐惧，把别人的好视为威胁，而不是资源，丛林法则是自然界里生物学方面的物竞天择、优胜劣汰、弱肉强食的规律法则。

我们知道，在原始社会各个氏族部落里的人都要争夺一片土地上的果子和野兽，强壮的就会多得，"别人得了我就得不到"，于是就惧怕别人的强大。

到了农耕时代，土地是有限的资源，谁的土地多，就意味着可以吃饱饭，过上好日子，可以抢夺别人的资源。那个时候读书的目的是考取功名，考试排名越靠前，官做得就越大，因为当了官，有了权利，就可以获得土地和更加丰富的资源。所以那时候的考试都是选拔性的考试，选拔性的考试是有标准的，那就是读圣贤诗书、作八股文章，不必创新、不必有自己个人的特色。

我们在前面讲过，我国的农耕文明持续的时间很长，一直到现在，即使是一线城市的人，往前追三代基本都是农民。因此，丛林意识在我们的观念里根深蒂固，成了我们骨子里的东西，攀比心理也就自然产生了。

压力、焦虑与无法合作

匮乏心理会给孩子带来三个方面的影响：

第一，无视孩子的个体差异和发展规律，给孩子树立不切实际的目标和榜样，让孩子不堪压力和重负，丧失了学习动力和学习兴趣。

第二，让孩子始终处于一种焦虑状态，影响智力水平的发挥，导致在竞争中失利。

第三，长大后没有合作意识。许多优秀的、有才华的人就卡在了"见不得别人好"上，把别人的好视为威胁，而不是资源。这种意识对我们个人的发展是一种致命的瓶颈，很努力但是不会和优秀的人合作，结果发展很慢或发展不起来。

与自己比，成为更好的自己

攀比心理和竞争意识是不同的，最大的原则是不要"近身肉搏"。

首先要改变认知。跳出丛林意识，这不再是一个弱肉强食的时代，而是每个人都可以凭自己的特点生活得很好的时代，通过资源整合和优势互补实现共赢的时代。

其次要发现孩子的个体差异，帮助孩子发现自己的优势和兴趣点。让孩子以轻松快乐的心态学习，充分发挥自己的智力和优势。

如果我们内心做不到不和别人比，至少我们不要再拿自己的孩子和别人的孩子比。

08

误区七：匮乏心理，影响孩子正确看待财富

匮乏心理的来源

匮乏心理来源于长期的战争和贫穷，很多人都经历过战争年代，都穷怕了，这种匮乏心理对我们的父辈的影响主要就是囤积心理和节俭无度。

比如存塑料袋、纸箱子、包装盒，吃剩下的饭菜舍不得倒掉。某知名博主在她的微博上写道：我妈和我爸什么东西都舍不得扔，前几天我趁他们旅游，来了个大扫除，光作废的发票就清理出来两个垃圾袋，我妈回来后，感觉天都要塌了：发票！你把发票扔了！完了！万一有用呢！！！1994 年购买冰箱的发票，2000 年购买空调的发票，冰箱空调都更换几轮了，发票还"万一有用呢"？

买了保鲜期很短的水果，一箱里面有烂的，我的想法是把烂的扔了吃好的。我妈觉得怎么能这么浪费呢？当然是先吃烂的！于是在吃的过程中，原先好的又烂了，就这样，全家吃了一箱烂水果。

我曾因我妈的"不浪费"，吃出过肠胃炎，我很认真地给我妈算过一笔账：在医院花的钱与人受的罪和节省一碗剩菜之间，到底哪个更划算？

我妈表示：你没吃过苦，想当年我……还有就是不舍得花钱，有一个观念是"钱是用来存的，不是用来花的，要以备不时之需"。

压抑和贪婪，被心魔控制的一生

第一，压抑自己的内心需求，表现出来的是懂事，实际上是低价值感、不配得感。有的父母会以孩子从来不提出要求为荣，夸耀自己的孩子不爱慕虚荣，懂事。很多这样的女孩子，男人给自己买了一件小礼物，就受宠若惊，觉得自己无以为报。嫁人之后，她们辛苦工作赚的钱都给家里，自己舍不得花，没有主体感而又怨气满满。

男孩则经常表现出过于脆弱、敏感的自尊心。比如聚会一定要请客或者至少 AA 制，如果别人付费了，会觉得是对方看不起自己。关系上遭遇一点挫折,都会联想到是对方瞧不起自己,无法就事论事、理性看待事情。这是低自尊的表现,这样的低自尊会导致人际交往上的重重障碍,追求女孩子对他们来说更是难以完成的任务。

第二,内心有强烈的不安全感和无力感,贪小便宜,不敢探索与创新,不敢追求更大的财富。觉得钱是要存起来的,不敢用。不敢放下手头鸡肋一样的利益,所以错过了很多改变自身命运的机会。

第三,贪婪、囤积,终身都在填补内心的匮乏感。即使有了财富也不能享受。"身穷穷一时,心穷穷三代",心穷之人一旦拥有权力便容易穷奢极欲,很多贪官都回忆说出身穷苦是他们"思想走偏"的原因之一。

将希望与丰盛传递给下一代

父母无论贫富,都要在自己能力范围内无条件满足孩子。要给孩子传递出"你的需求很美好,你值得这个世界上最好的东西"的信息,这样孩子未来自然会物质丰盛而且不执着于奢靡。

无条件满足并不是不顾自己的现实经济状态无节制地满足,也不是只有金钱才能满足,而是在能满足的时候尽量满足,这样孩子就会觉得"我有需求是正常的"。因为人有需求是正常的，是可以通过自己的努力改善自己的生活，这样也就有了努力和奋斗的动力，而且这样的动力是正向和积极的，而不是不择手段地囤积财富。

所以，不要教育孩子挣钱多么辛苦，而是分享给他努力工作和挣钱的快乐；不要总是唠叨孩子乱花钱，要告诉孩子"你配得上最好的东西"；不要抱怨养家多辛苦，而是讲述你为这个家庭奋斗的自豪和满足。我们已经远离了贫穷和匮乏，不要让心还在贫穷和匮乏的时代停留，并传递给孩子。为了孩子未来精神和物质上的丰盛，请放下我们对待生活的沉重和匮乏感，将希望与丰盛传递给下一代。

09

误区八：过度关注学习，孩子厌学的根源

如果问中国的父母，你最关心孩子的什么？我想大多数的父母一定会说是学习。从胎教开始，父母们最关心的就是孩子要学些什么，学了多少东西。孩子上学后，父母和孩子谈论最多的也是学习。一项由中日美韩四国的青少年研究机构做的调查显示，中国学生与父母平时主要交流的话题中，排在第一位的就是学习方面的事，占71.8%，其次是学校的事，占69.6%，而对孩子的兴趣爱好、孩子的朋友却谈论很少，这个比例在其他国家却占第一位。

中国父母对于学习的过度关注和中国的历史有直接的关系。在农耕时代，我们就有了"万般皆下品，唯有读书高"的说法，那个时代，读书是使人们脱离贫穷、脱离艰苦劳作最有效、最直接的途径。中国近代史充满了战争和贫穷，战争会使人们的

财富和生命突然丧失，而突然丧失会使人对未来产生极强的不确定感和失控感，这种不确定感和失控感就会导致人们的焦虑。焦虑是对潜在的风险和威胁的一种情绪反应，面对这些，人们会有全身性的反应，身体处于不平衡状态，开始燃烧所储备的能量，训练军队，战争还没有来，先做好准备。焦虑的功能，一是激发能量，使人们在未来的生活里面能够增加掌控感，为实现目标增加价值的因素或保障；二是寻找目标，生活中有各种因素，周围环境不断变化，焦虑会使人寻找对自己有利的因素；三是促进行动，组织实施，把能量投放到目标上。

中华人民共和国成立以后，特别是改革开放以来，我们有了一个和平稳定的发展环境，国家也更加重视教育，提出了"知识改变命运"的口号。能够有时间、有金钱从容地读书是我们很多家庭几辈人的渴望，当看到孩子能拥有这样的机会时，压抑在我们潜意识中几辈人渴望学习的欲望得到了深深的满足和释放，我们恨不得让孩子 24 小时不停地学习，我们听不得孩子说学习无聊，不能容忍孩子对学习表现出的一点不耐烦，以满足我们几代人没有条件好好学习的渴望。我们对未来不确定性的焦虑终于有了目标，那就是学习，自己学习，督促孩子学习。无论是全家聚会还是同学聚会，或同事之间闲聊都会不由自主地谈论孩子的学习。

我的一个亲戚家的孩子说，"我最讨厌过年了，坐在饭桌上就开始比成绩，我表哥的成绩特别优秀，每次都拿他的成绩来和我比，全家人让我向哥哥学习。妈妈回到家更是不停地数落我，嫌我不给她争气"。

我们的孩子其实是为整个家族在学习，是背负着几代人的梦想和焦虑在学习，孩子从幼儿时期就开始承接父母甚至是祖辈的学习焦虑，上学后，甚至是幼儿园时期，又开始承受着学校的焦虑和压力。

孩子在家里做作业的时候，家长在家里不发出声音，不看电视，走路都是蹑手蹑脚的。一说到与学习有关的事情，脸上的表情就变得严肃，还对孩子实施威胁，"如果成绩不好的话，你以后可能去扫大街"；还有的孩子在学习中犯了错误，有的是粗心犯的错误，父母会夸大说，"你经常粗心，你如此粗心考试时怎么办"？考了好成绩就奖励，考不好就惩罚，更严重的情况是，父母因为学习打骂孩子。一谈学习，就是沉重，就是压力，就是痛苦，没有人会喜欢和沉重、痛苦待在一起。

父母和孩子在一起，不是谈学习的重要性，就是辅导孩子学习，或者监督孩子学习。体会一下，父母和孩子的角色是什么？老师和学生的关系、监工和工人的关系，甚至是警察和囚徒的关系。父母这个角色的情感体验就被掩盖了，父母和孩子之间真正的感情就被这两种角色掩盖住了。只要一谈学习，孩子感觉和父母就远了，就没有了爱和温暖，就是冷冰冰、不愉快，再加上夫妻之间因为孩子的学习问题爆发了很多的冲突。长期紧张、忙碌、沉重、充满冲突的家庭氛围，不知不觉中就在孩子的潜意识中写下了这样的信念：学习是一件很辛苦、很痛苦、很沉重的事。这样的结果就导致孩子在心理层面上和学习之间失去良好的情感连接，认为凡是和学习有关的事情都是不愉快的。我们都知道，人是趋利避害的，会本能地做能给自己带来愉悦的事情。孩子不喜欢学习这件事，怎么会主动积极地去学习呢？肯定是能逃就逃，能晚会儿就晚会儿。

　　父母和老师一直强调学习的重要性，每时每刻都在督促孩子学习，会导致孩子把学习的主体"外包"出去，他会认为"学习不是我的事，是父母和老师的事，和我没关系"。人是这样的，如果这件事情有别人操心，他就懒得去思考这件事情了，因为这件事是别人的事。比如我们开车的时候，有个人在旁边不停地让你打方向盘、踩油门，你是不是自己就不动脑子了，觉得"开车这件事不是我的事了，你说怎么做，我就怎么做吧"，甚至会说，"干脆你来开吧"。这时候人肯定就丧失了开车的动力了。如果只是告诉你去哪儿，什么都不管了，你肯定自己就操心了，拿不准的地方还要问一下，是往左拐吗？其实，对孩子的学习来说也一样。你总是盯着孩子，孩子就没有动力了，因为人都愿意为自己活着和做事，如果是在替别人做，这个动力会非常小，甚至小到负数。负数的意思是，"这件事情本来我愿意做，但因为父母苦苦相逼我变得很仇恨做，恨学习，恨一切父母安排的学习"。

人的天性就是按照自己的自由意志，找到自己的路，释放自己的动力。当真找到这种感觉时，他会充满热情，即充满动力去追逐他所热爱的东西。父母频繁谈论学习，甚至和孩子谈论的主要话题就是学习，其实是想把自己未实现的理想、自己对未来的不确定感、自己内在的压力通过督促孩子学习转移到孩子身上。所以，父母督促孩子学习，会让孩子感知为压力，而且是很大的压力，而压力，很容易被孩子感知为这是外在力量在恶意攻击自己。当父母或老师，喜欢用威压或暴力方式逼迫孩子时，不管孩子意识上如何看父母，他们可能会认同父母和老师一直说的，"我是为你好，为了你的前途"，但是他们的内在潜意识感知到的是父母或老师是恶意力量。这时，如果服从父母，孩子就会产生巨大的羞耻感。人被逼着干事，心里是很不舒服的。

所以，为了实现"我的人生我说了算"，孩子就会用各种方式说"不"。小学的时候，孩子不敢直接说"不"，就会用被动攻击的方式攻击父母，小学生的学习状态很多都是磨蹭、心不在焉、马虎、粗心，其实这是孩子在争取自己说了算的权利。这样的学习状态让父母更加焦虑，大家可以想想，有多少小学生的家长在陪孩子写作业时到了崩溃的程度，也因此家长对孩子的要求就更加严格，这构成了一种恶性循环：父母或老师的权威，破坏了孩子的动力，而孩子看上去好像是自己没有了动力，你必须得给他们压力，但给的压力越多，孩子越容易有被动和攻击之感。到了中学，随着孩子的长大，力量增强了，除了被动反抗之外，又增加了逆反、打游戏、就是不去上学等这些主动对抗甚至是攻击行为。

父母和孩子长时间在这样的对抗和焦虑状态下生活，非常容易产生抑郁状态。因为长期焦虑会让人能量耗竭，进入抑郁状态，抑郁的特点就是减少能量激发、减少目标，最终放弃行动，严重的甚至会发展成为抑郁症。这也是中国会有如此多的孩子厌学、没有学习动力，甚至休学的深层原因。

想让孩子有学习动力，首先要做的并不是强调学习的重要性，而是要和学习建立起良好的情感连接。学习应该是充满乐趣的和挑战的，如果父母和孩子在情感上站在一起，去接受学习这项挑战，享受这种乐趣，孩子在学习的时候，就能感受到身后充沛的情感支持，才会与学习建立起良好的情感连接。父母从认知上要扩大学习的范围，将学习扩展到孩子喜欢的踢球、玩魔方、打游戏、看自己喜欢的课外书上，并且让孩子意识到这些事也是很好的学习，和学科的学习一样。发现孩子的智力长板和优势，请教孩子，让孩子展示他的能力，孩子在教我们的过程中可以体会到成就感。和孩子聊他喜欢的课外书中的人物，让孩子尽情地和你表达他玩这些的感受，并且陪着他一起玩，让孩子感觉到学习是好玩、有挑战性的，在和父母一起玩的过程中，可以体会到父母对他的陪伴、轻松、愉悦、爱和温暖。只要父母不再只是老师和监工的角色，只要孩子提起学习，提起上学不再是一种痛苦时，才有可能真正地爱上学习，也才会迸发出强劲的学习动力。

我们这么做的目的，都是让孩子逐步改变学习给孩子带来的沉重感、压抑感，让孩子感觉学习虽然是有挑战性的，但是可以给人带来成就感，当这种感觉建立起来之后，孩子再遇到学习的困难时，也就有了克服困难的勇气。

想让孩子爱上学习，还要把学习这件事的主动权还给孩子，一是我们不主动过问孩子的学习成绩及作业完成情况；二是孩子学习上有问题找我们，我们要给予支持，不给予评判；三是老师让我们找孩子谈学习时，我们可以谈，但是不带情绪，不评判，只说事。这三点说起来简单，但是真的操作起来确实不容易，因为我们的焦虑会让我们不停地督促，督促其实是在释放我们的焦虑。

电影《夺冠》中，郎平最开始也是用自己的教练袁伟民的训练方法训练队员，但是队员们并不像自己那代球员一样能吃苦，成绩也并不理想。郎平开始思考，"这一代球员和我们那一代究竟有什么区别"？她说："是我太紧张了。我以为我走遍了整个世界，我已经是一个职业的体育人了，原来不是。曾经一位外国记者问我，你们中国人为什么这么看重一场排球比赛的输赢呢？我说，因为我们的内心还不够强大，等有一天，我们的内心强大了，我们就不会把赢作为比赛的唯一的价值。我们这代人是苦过来的，做什么事情，身上都背着沉重的包袱。我的医生跟我说，你是六十岁的心脏，八十岁的骨头。我姐跟我说，你能不能给我们留半条命。其实，我就是放不下。我们那代人是用命打球，因为生活，因为我们很穷，我们没有时间，没有资格去考虑自己的感受。姑娘们，明天要比赛了，过去的包袱由我们这代人来背，你们应该打出你们自己的排球，你们应该振作起来，放心地去打，放开了打，豁出去打，我和你们在一起。"

对孩子的学习来说，何尝不是如此呢？我们这一代，或者我们的上一代，是背着沉重的包袱在学习，我们在陪伴孩子成长的过程中，需要不断觉察自己，我们的包袱及上一辈的包袱由我们来背，我们的焦虑由我们自己消化、自己承担。

郎平在最后告诉队员："排球是我们的工作，但不是我们生命的全部。我希望我的队员将来不只是一位优秀的运动员，还是一个优秀的人。"这样的思考和调整，在某种程度上可以说是对袁伟民教练的一种"背叛"，而"背叛"本身就是成长。

Be a

第 七 章

还来得及，你可以
重新养育

Better

parent

退行，你可以吃一粒重新养育孩子的"后悔药"

父母是孩子最好的心理咨询师

重新养育自己，提升父母养育能力的根本之道

01

退行，你可以吃一粒重新养育孩子的"后悔药"

看到这里，相信很多父母会说，"如果从母亲怀孕或者从孩子出生起就懂得孩子的心理发展规律，为孩子提供一个适合生长的环境，该多好啊！现在知道已经太晚了"。确实，很多父母并不是从孩子一出生就学习孩子的心理发展规律的，有的父母是从孩子上幼儿园开始学习，有的父母是在孩子的小学阶段发现孩子出现学习困难了，或者是在孩子的中学阶段遇到了青春期孩子叛逆的现象后才开始学习的。当然更多的是孩子已经上大学、上班后，遇到了人际方面的障碍、婚姻上的问题才发现，这都是因为孩子小的时候在原生家庭中没有得到恰当的对待出现的"后遗症"。

很多向我咨询过的父母说："我要是早点学习就好了，现在才知道，原来我在无意识中给孩子造成了这么多的心理创伤。

现在我理解孩子了，知道孩子心里在想什么了，知道孩子现在的表现是由于原来使用了不恰当的方法对孩子造成创伤后表现出来的症状，要是从孩子出生开始就学习，该多好啊！"父母们也真的开始了改变，知道了要尊重、信任孩子，学会了共情及如何和孩子沟通，有的孩子变化非常大，可是过一段时间又有反复；有的孩子症状却更加明显了，和父母闹得更厉害了，于是父母就说："原来我使劲管着，孩子还可以，现在我理解他了，他就蹬鼻子上脸了！"真的是这样吗？

回到童年，重走来时路

如果孩子已经表现出了一些问题，我们如何才能补救呢？现在开始还来得及吗？当然来得及。孩子的养育是预防为主，如果从孩子出生我们就学习是最好的，但是只要在孩子成年之前，我们再学习一样是有效果的。那么，如何弥补我们在无意识状态下给孩子在之前的发展阶段中造成的伤害呢？

第一步，让孩子退行。什么是退行呢？我举个例子大家就明白了。男孩和女孩谈恋爱，女孩恋爱时在自己的爱人面前像个八九岁的小姑娘一样撒娇，这时候女孩的状态就是一种退行状态。还有一种现象就是别人带孩子的时候，孩子很乖很听话，可是只要妈妈一带，就各种闹各种不听话，这样的现象也是退行。

大家可以感受一下，人在什么时候会退行呢？是在一种安全的环境下才会退行。孩子觉得在妈妈面前安全，不需要自我保护了，就不会假装懂事，彻底放松下来，于是想怎么样就怎么样。

退行在精神分析的心理治疗中是前提条件。治疗师的任务是给来访者一个安全、抱持性的环境，让他放下防御，也就是退行，并跟来访者重新回到童年，重新和来访者经历一次童年发生的事。

防御机制也是心理学的一个名词，我们每个人从出生到现在，会学会很多自我保护机制。防御机制就像是心灵的铠甲一样，是保护自己的，在遇到危险，觉得不安全的时候就会启动起来。比如，当一个女孩不再和男孩撒娇了，就表示不信任这个男孩了，不敢了，就会表现出冷冰冰的样子，因为担心别人会攻击自己，先把自己的铠甲亮出来。所以治疗的时候要先让来访者卸下心灵的铠甲，敢于把自己的伤口袒露出来，回到当时受伤的那个地方去。

第二步，用恰当的方法重新养育。治疗师会用和父母不一样的方法，给来访者补足营养，帮助来访者释放当时积压的负面情绪。

大多数孩子都没有什么严重的心理疾病，只是由于父母在无意识状态下使用了不恰当的方法，所以家长就可以像治疗师一样用这两个步骤：第一步，用爱和温柔抱持，让孩子感觉安全，可以在父母面前无所顾忌了，就敢于放下自我防御的机制，敢于暴露真实的自己了，这时候我们就能带孩子"穿越"回过去的时光。第二步，看到孩子的创伤后，无论孩子怎样表现，我们都用恰当的方法对待孩子，重新养育。

我们来举两个例子说明一下。

真诚与共情让孩子放下防御

第一个例子，我想给大家介绍一部美国电影《心灵捕手》，这部电影讲的是一名心理咨询师对一个男孩进行心理治疗的故事。

一个麻省理工学院的数学教授，在系里的公告栏写下一道他觉得十分难的题目，希望他的那些杰出的学生可以解答，而事实上无人能解。令人意想不到的是，一个年轻的清洁工却在下课打扫时轻易解开了这道数学难题。数学教授在找不到解题人后，又出了一道更难的题目，决意要找到这个数学天才。

原来这个可能是下一个爱因斯坦的年轻人叫威尔，聪明绝顶却桀骜不驯，并因为打架被少年法庭宣判送进了少年监护所。

最后经过数学教授的保释并向法官求情，才让他免受牢狱之灾。虽然教授希望威尔能够重拾自己的人生目标，并安排威尔接受专门的心理辅导，但是威尔并不理会教授的用心良苦，请来的心理咨询专家反被这个毛头小伙子洞悉心理，并招致羞辱，纷纷宣告威尔已"无药可救"。

数学教授在无计可施的情况下求助他的好友肖恩，一位心理咨询师，希望由他来辅导这个前途岌岌可危的年轻人。不同于威尔以前的心理咨询师，肖恩更加平等、尊重人性，也更加坦诚。最终威尔卸下了防御，找到了真爱。

这部电影细腻地展现了心理咨询疗愈的过程，男主角人格的呈现及心理过程的变化。

威尔从小被母亲抛弃，被继父殴打，使他在成长中没有稳定的亲子依恋关系，精神上被遗弃，身体上被虐待是他无法逃脱的梦魇。被双重虐待长大的孩子，心灵是破碎的，每当有人靠近时都会令他恐慌。因为小时候情感上想要接近时，养育者就抛弃他了，所以情感接近是危险的信号。

影片中，威尔否认自己需要抚慰、养育的需求，表现得"我谁都不需要，我自己过得很好"。这其实是一种自我保护的机制，因为受到的打击太多了。他喜欢一个女孩却不敢靠近，鼓足勇气拨打电话，响了之后又马上挂掉。靠近又跑掉，这是威尔的亲密模式。女孩毕业，威尔和她一起去了加利福尼亚州，威尔却怕了，跑了。威尔的内心空虚而又寂寞，他与人建立的关系非常表面，行为和理性思考完全不和情感发生关联。一旦他意识到自己的情感，马上情绪爆发，甚至是口无遮拦地咆哮。

肖恩温柔地点了他一下："你上过床，但你不知道和一个女人情感交流的味道；你打过架，但你不知道战场上失去战友的感受；你不知道从一个女人身边醒来，内心的喜乐。因为你一直不敢和其他人产生情感上的连接。"电影多次出现这样的画面：在疾驰的火车车厢里，威尔孤独落寞，窗外万籁寂静的夜景与曙光显露的晨曦交相辉映，一曲淡淡的忧伤的音乐，伴随着他一个人的静默沉思，勾勒出威尔孤独无助的复杂情感。交织出现的这种画面，再次表现出威尔"亲密于我是种障碍"的主题。

如何让威尔打开心扉呢？肖恩用了两个方法。

一是用真诚的态度。其实就是用爱和包容，让威尔感受到情感和爱。无论威尔怎么折腾、失约、讽刺挖苦，肖恩都不会攻击他，也不会走掉。前面的那几个咨询师跑掉了，威尔印证了"你们都不会真的对我好，你们还是会跑掉的"。可是肖恩没有，一直在那里等着他。这使得威尔放下了防御，接受了肖恩。

这是第一步。但是他还是不想触碰童年的创伤。

二是共情。就是巧妙地自我揭露，说自己小时候被父亲打的经历和感受，由此激起威尔对童年经历的回忆和感受。最后威尔说出了自己小时候的悲惨经历，肖恩找到了威尔心理问题的症结。在和人的关系中，威尔永远在制造"施虐—受虐""抛弃—被抛弃"的关系，因为这两种关系模式是威尔生命的主题。还有一个更加核心的问题，被虐待或被抛弃的孩子，在潜意识层面都会认为是自己的错。

威尔从小是个孤儿，不断地被更换寄养的家庭，其中有一个家庭，养父是醉鬼，有暴力倾向。这带给孩子一个强烈的感觉，"我不被接纳、不被喜欢"。他很迷惑，到底是谁的错呢？他认为自己是坏的，他不希望是这样，但又不知道这是为什么，为什么总是被抛弃、被虐待。肖恩反复地说："我知道的不多，但孩子这不是你的错，这不是你的错！孩子，这不是你的错！"最后肖恩大哭，我看到这里的时候，也流下了眼泪。

肖恩最终帮助威尔找到自我，走出童年阴影，尝试与人建立亲密关系，开启新的生活。影片的最后是威尔开车踏上了去找女友的道路。这部电影是 1997 年上映的，从中也可以看出美国的心理教育开始得比我们早很多年。

无条件接纳与满足，修复亲子关系

第二个例子，是发生在我身边的一个真实的例子。

我的表妹是个理发师，没有太高的文化，因为天天在理发店工作到很晚，没办法管孩子，在孩子三个月大的时候，就把孩子留在老家给孩子奶奶带。奶奶带孩子的时候说了很多妈妈不好的话，说"你妈妈不疼你，不管你，把你扔回老家，还是奶奶疼你"。孩子上小学时，表妹把他接回到市里，孩子回来以后，对她很冷漠，要么就动不动躺在地下打滚，专门和她作对。其实孩子是在使用自己的防御机制，因为奶奶已经告诉他了，妈妈不好，他害怕妈妈会攻击他，就开始先攻击妈妈。

表妹虽然很着急，不知道孩子为什么会这样，但是心里觉得亏欠孩子，并没有打骂孩子，而是加倍地爱孩子，无条件地满足孩子，就像是对待一个一两岁的小宝宝一样。孩子上小学二年级的时候，变得和妈妈特别亲，也特别懂事。现在这个孩子已经读研究生了，毕业后会成为一名律师，心理很健康，和妈妈关系也很好。这个妈妈就是无意识地运用了退行的方法，给孩子温暖和安全，让孩子退行回童年，将当时和妈妈的分离创伤释放了出来，并得到了妈妈的疗愈。

看到这里，大家可能已经了解了如何弥补无意识中给孩子造成的创伤。只要妈妈们掌握了这两个步骤，就可以成为孩子的心理咨询师。有的妈妈说，"孩子这样闹的时候，我心里特别烦，一开始还能忍忍，后来就没有耐心了"。有的人可能就会打骂孩子，孩子可能当时听话了乖了，但实际上创伤更加严重了，这些情绪会积压在心里，在青春期的时候会全面爆发出来，和妈妈发生剧烈的冲突，严重的甚至会产生非常可怕的后果。

02

父母是孩子最好的心理咨询师

为什么有的父母可以给孩子提供抱持性的安全的退行环境，有的父母就没有能力呢？

父母成为孩子心理咨询师的方法听起来只有两个步骤，比较简单，但是真的用起来，却需要功力。

比如：我们学会驾驶好像不难，但是上路都是需要过程的，还需要良好的心理素质。我们来看看《心灵捕手》中的肖恩是怎么做的。

一是真诚。肖恩对威尔的真诚，做父母的无疑是有的，对自己的孩子一定是真诚的，没有人会比我们更希望孩子好。

二是稳定的人格状态。这是最难的。在带孩子退行的过程中，孩子会对你产生一轮一轮的攻击，不会轻易让你带回去的，这是对家长耐力的考验。

这实际上是一场"对峙"。在肖恩前面有五个心理咨询师给威尔来做心理治疗的，但是都被威尔给气跑了，威尔非常聪明，其中一个治疗师认为他是个疯子，因为他找出了那个治疗师的所谓弱点，就是同性恋。另一个治疗师试图用催眠的方法给他治疗，结果他站起来唱歌又跳舞，其实他是用他的聪明和不配合在防御，不想让别人进入他的内心，因为被伤害得太多了，他要先运用他的防御机制进行攻击，而这些治疗师也由于自己的人格不稳定，或者说太自负了，受到一点挫折或被人揭了短就不再有能力治疗了。

肖恩和威尔的对峙进行了七轮。

第一轮：肖恩被威尔狠狠地攻击，他知道肖恩小时候曾经受过创伤，故意提起他内心的痛处，抨击他画的画不好，认为他做心理咨询师是因为自己受过创伤。肖恩的太太已经去世了，可是威尔取笑他的婚姻，拿他的太太开玩笑，使得肖恩非常愤怒，揪住了威尔的领子想揍他，但是仍然约了威尔做第二次治疗。尊重自己，允许自己有不耐烦的时候。

第二轮：肖恩没有隐藏自己的软弱和痛苦，坦诚地告诉威尔他失眠了半夜，很痛苦，但是最后想到威尔只是个孩子，根本不知道自己说了什么，于是就睡着了。第一轮的打击和对峙中，威尔试图击倒肖恩，但是肖恩没有被击倒。

第三轮：界限感。两个人一个小时不说话，像小孩子一样，看谁先说话，肖恩忍住了。看看我们家长和孩子们对峙时有没有这种情况？可以提要求，家长可以有自己的界限感，比如，青春期孩子的家长可以只给他做饭，但是不端到房间去，不吃就可以拿走，这就是界限感。

第四轮：共情。仍然对峙看谁先说话，肖恩已经快睡着了，威尔忍不住了，主动讲起了笑话和他喜欢的女孩，说他不敢进一步了解，怕破坏了彼此的美好印象。威尔的防御机制开始瓦解，肖恩讲起他的太太爱放屁，把自己熏醒了，然后讲到了太太去世，讲到了正是不完美才让一个人记住。

第五轮：深入谈人和人的情感。两人继续谈论肖恩的太太。

第六轮：发现威尔天才的麻省教授兰博让他去参加工作，威尔不去。教授觉得他这么聪明，自暴自弃是在糟蹋天赋，同时又要求肖恩的治疗快一些,可是肖恩说不可以，还没有准备好。教授拿肖恩小时候的事攻击了肖恩，但肖恩据理力争去保护威尔。孩子不是工具，人生不只是为获得勋章。

从这里面我们可以看到，当孩子攻击我们的时候，故意表现不好的时候，他是在试探，在触碰你的底线，"你是不是真的接纳了我，是不是真的爱我"？当孩子不管怎么闹我们都不对孩子发起攻击，而且在外界对孩子产生攻击时，我们能够保护孩子，孩子就会相信我们，真正地放下铠甲，放心地向我们袒露内心的真实想法。如果我们在外界产生攻击的时候，不敢保护孩子，或者我们因为内心的焦躁重新对孩子产生了攻击，孩子就又会将自己的铠甲穿戴起来，这也就是孩子为什么会反复的原因。

第七轮：放下防御，回到童年。肖恩和威尔出身相同，都是从贫民窟长大的。肖恩用自己小时候被父亲打的经历引导威尔说出了心中的伤痛，让他敢于面对，这时候就得到了疗愈。当孩子敢谈论自己的伤痛时，孩子就得到了疗愈。

这部影片是对心理咨询的艺术化的过程，尽管从专业角度看，一些违背咨询设置的问题有待商榷，但毫无疑问，肖恩的尊重、温暖、平等和人性化为威尔营造了一个抱持性的咨询空间，消除了威尔的心灵迷障，安抚了他受伤脆弱的心灵。

三是学会用恰当的方式对待孩子。带孩子穿越回去后，我们要知道恰当的方式是什么，不能再重复过去的模式。

如何知道呢？了解孩子现在这个阶段的心理发展规律，了解孩子的个性差异和特点，只有这样才能知道什么是恰当的方式。

通过这个治疗的过程我们看到，所有咨询师的技术都没有问题，关键是咨询师内心的稳定和人格的强大。五个咨询师就是败在了自己的人格不稳定上，父母想要成为肖恩那样的咨询师，就要练内功，让自己的心理强大起来。在孩子成长的过程中，我们通过学习、觉察、反思，借由和孩子的冲突发现自己内心的创伤，当你觉得受不了孩子的时候，可以想一想，是不是自己内心的伤口被触碰到了？那个伤口是什么？当自己内心的创伤被修复后，就有能力接住孩子一轮一轮的攻击和对峙了，也就有能力修复孩子的创伤了。

03

重新养育自己，提升父母养育能力的根本之道

疗愈自己是父母提升自己养育能力的基础。中国父母的很多心理创伤都是相同的，也是一种集体的潜意识。

承袭与"背叛"，中断痛苦的链条

我们每个人身上都带着这个国家深深的烙印，我们继承了很多优秀的文化和特质，也承袭了一些不符合当今时代的教育理念。我们每个人都带着自己家族的烙印，我们从这个家族中汲取了很多的力量，同时也承袭了我们家族里面的一些沉重。

这也就是为什么我们一直强调父母要学习、要改变、要提升自己的原因。所以，这是一个"背叛"的过程，是一个向自我"开刀"的过程，也是一个比较痛苦的过程，请相信这是值得的。这个过程既能让孩子得到恰当的对待，又能让自己成为

最好的自己，一起成长为人格强大的父母和孩子，不让自己在原生家庭所受的创伤再传给孩子。

真正的榜样，开启自我成长的英雄之旅

美国作家约瑟夫·坎贝尔说，战胜自己内心的恐惧，锤炼自我的历程，是一个真正的英雄之旅。

鲁迅先生在《我们现在怎样做父亲》一文中曾经说过，"只能先从觉醒的人开手，各自解放了自己的孩子。自己背着因袭的重担，肩住了黑暗的闸门，放他们到宽阔光明的地方去；此后幸福的度日，合理的做人"。

榜样的力量是无穷的，于是我们总是拿我们的孩子去和优秀的孩子比，我们总是拿优秀的人物给孩子做榜样。

榜样的力量确实是无穷的，但是榜样不是拿我们的孩子和别人的孩子比，而是我们要重新定义自己的角色，开启自我成长、自我改变的英雄之旅，让我们自己成为孩子的榜样。通过我们的改变带动孩子的改变，通过我们的强大给孩子提供更好的、更适宜成长的环境。

让自己不再焦虑，让孩子得到恰当对待。

后　记

　　2018 年，在曾奇峰老师的精神分析传播师培训班学习，传播师培训班第三个阶段的内容是用精神分析的理论分析一个著名的人物，我们这个组分析的人物是慧能法师。慧能法师最大的贡献是把佛教从高深的寺院传播到了民间，让佛教平民化、生活化。在分析的过程中，我受到了启发，思考能不能试着像慧能法师一样，从精神分析等心理学理论中提炼出一套系统的体系出来，应用于父母养育孩子的过程中呢？虽然觉得自己有点不自量力，我还是鼓足勇气把自己的想法拿出来和曾老师进行了探讨。曾老师说，这非常有意义，但是标准化的过程很难，我说我想试试。从那时候起，我就开始了针对父母心理养育的研究和探索，用了将近四年的时间，总结了大量的案例，先是在 2020 年出了两套课程，在喜马拉雅听书平台上的播放量和反响还不错，这给了我很大的鼓励，也促使我不断进行完善，最终形成了"53321 心理养育系统"，并以这套系统为理论基础写出了这本书。

写作的过程非常艰难，我总是质疑自己，也几度想放弃。最终还是曾老师的关于演讲恐惧的解释让我有了坚持下来的勇气。"你害怕演讲，是因为你觉得自己的演讲一定要震惊全世界才可以"，想起这句话，我突然轻松了，哪怕我的书可以让父母在举起手打孩子时可以犹豫一下，下手轻一些，少打几下；哪怕我的书在孩子没考好的时候，可以让父母少批评几句，也是值得的吧。

书写完后，我非常忐忑地给曾老师发了一段文字，也把自己的"53321"和书稿发给了曾老师，怯怯地问他可不可以给我写篇推荐序？曾老师给了我一个大大的惊喜。你们已经看到了，这本书里面曾老师给我写的那段文字。为此，我整整开心了一个星期。

所以，在这里，最想感谢的是曾老师和他的传播师计划。

特别想感谢的还有陈宇教授，我的老领导。他的文章，他的《想像未来》这本书，让我在心理学的基础上，从人的就业岗位变化及人的核心竞争力上对心理养育有了不同的理解。

感谢武春艳老师的认可和推荐，她在督导我的过程中展现出来的专业水准，让我有了更多的思考和提升。

感谢杨波老师的认可和推荐，他为女性心理的发展和研究做了很多的努力。

感谢我的丈夫，他帮我厘清了咨询和研究的方向，是我写这本书的最坚定的支持者。

感谢我的儿子，是他的出生和成长，让我有了研究心理养育课题的动力。

感谢华内妈心理的王艳华、牛桂粉、东素敏和荆庆莉四位老师，她们给我提供了丰富的案例，并在文字整理上帮助我做了大量工作。

感谢我的每一位学员和来访者，是你们给了我不断完善和实践这套理论的机会。

感谢每一位购买和阅读这本书的读者，是你们给了我极大的价值感和成就感。

终于说完了，毫无保留地把我想说的话都说完了，第一次出书的兴奋和焦虑终于得到了完全的释放。